STARK

Deutsch

Berlin · Brandenburg

STARK

Inhalt

Was erwartet mich?

Die **Schwerpunktthemen** des Deutschabiturs in Berlin und Brandenburg sind breit gestreut und umfassen neben der **Sprache in politisch-gesellschaftlichen Zusammenhängen** und **Menschenbildern in der Literatur im Zeitalter der Klassik** auch zwei **Pflichtlektüren** (*Woyzeck* und *Corpus Delicti*). Bei dieser Themenvielfalt den Überblick zu behalten, ist nicht immer leicht. Ihnen dabei zu helfen, ist das Hauptanliegen des vorliegenden Büchleins, das nach dem Doppelseiten-Prinzip aufgebaut ist.

- Jede **Doppelseite** beginnt mit einem **Schaubild**, das ein schnelles Erfassen des Themas ermöglicht und seine zentralen Merkmale veranschaulicht. Durch die grafische Gestaltung werden Zusammenhänge auf einen Blick deutlich und sind leichter zu behalten.
- Das **Kästchen** neben den Grafiken vermittelt wissenswerte, interessante oder kuriose Zusatzinformationen zum Thema. Diese gehören sicher nicht zum Standardwissen, können aber dabei helfen, sich die abiturrelevanten Inhalte besser einzuprägen.
- Die Doppelseiten zur **Sprache in politisch-gesellschaftlichen Zusammenhängen** enthalten sowohl **Grundlagenwissen** zum Thema (Medienwandel, Kommunikationstheorien) als auch eine Zusammenstellung beispielhafter **Diskussionszusammenhänge und Unterbereiche** dieses Themas (z. B. gendergerechte Sprache, politische Kommunikation, Hatespeech).
- Auf den Doppelseiten zu **Menschenbildern im Zeitalter der Klassik** wird dargelegt, welche Sichtweisen auf das menschliche Dasein in den **theoretischen und poetologischen Schriften** dieser Zeit aufscheinen. Davon ausgehend werden auf der Grundlage ausgewählter Werke der **Literatur** (Drama und Lyrik) Schlaglichter auf die „klassische Deutung" der menschlichen Existenz geworfen.
- Die zwei **verbindlichen Prüfungslektüren** werden nach diesem Schema vorgestellt: Auf eine **Biografie** des jeweiligen Autors folgen eine knappe **Inhaltsangabe** des Werks und Informationen zu **Aufbau und Form**. Abgerundet werden die Literaturkapitel jeweils von einer Doppelseite mit **Deutungsansätzen** zum Werk.
- Zwei Exkurse gehen auf „**Aspekte der Dramentheorie**" in Bezug auf *Woyzeck* bzw. auf „**Aspekte der Literaturrezeption**" in Bezug auf *Corpus Delicti* ein.
- Im Kapitel **Allgemeines** fasst eine **Mini-Literaturgeschichte** die zentralen Epochen vom Barock bis zur Gegenwart knapp zusammen. Außerdem stellt eine Doppelseite die wichtigsten Merkmale der für das Abitur relevanten **Textsorten** dar. Eine **Stilmittel-Übersicht** mit gut zu merkenden Beispielen rundet das Grundwissenskapitel ab.

Der STARK Verlag wünscht Ihnen mit dem Buch viel Freude und für das Abitur viel Erfolg!

Grundlagen

- **große Breite** an politisch-gesellschaftlichen Verwendungszusammenhängen: Polit-Talkshows, Pressekonferenzen, amtliche Mitteilungen, Demonstrationen, digitale Medien mit Zugang für jeden (z. B. Twitter, Kommentarfunktion bei Onlineartikeln), Zeitungsartikel, Kabarett etc.
- grundlegende Fragen:
  - Welche **Rolle spielt Sprache** im jeweiligen Verwendungszusammenhang?
  - Inwiefern ist die politisch-gesellschaftliche Kommunikation jeweils auf **Verständigung** ausgerichtet und inwiefern ist sie **strategisches** Mittel?
  - Welche **sprachlichen Merkmale** hat die Kommunikation jeweils und wie unterscheidet sich der Sprachgebrauch in **unterschiedlichen Medien** – insbesondere im Hinblick auf die **Mündlichkeit** und **Schriftlichkeit**?

Bestimmungsgrößen politisch-gesellschaftlicher Kommunikation

- **Anzahl der Sender und Empfänger:** statt One-to-One-Kommunikation (ein Sender, ein Empfänger) eher **One-to-Many-Kommunikation** (ein Sender, viele Empfänger → z. B. Radio) oder **Many-to-Many-Kommunikation** (viele Sender, viele Empfänger → z. B. soziale Netzwerke)
- **Sender:** Kommunikation als private Person (z. B. Kommentar unter Onlineartikel), als Rollenträger (z. B. Journalist*in: Zeitungsartikel) oder in öffentlicher Funktion (z. B. Politiker*in) etc.?
- **Adressat/Empfänger:** Kommunikation gerichtet an Einzelperson (z. B. Beschimpfung über Twitter), an Gruppe (z. B. Rede bei Demonstration) oder an Öffentlichkeit insgesamt (z. B. Weihnachtsansprache des Bundespräsidenten) etc.?
- **Kommunikationsziel:** u. a. Appell, Information, Überzeugen, Warnung, Verbot, Beeinflussung
- **mediale Aspekte:**
  - mündliche (z. B. Rede), schriftliche (z. B. Parteiprogramm), bildliche (z. B. Symbol auf einem Verbotsschild) oder audiovisuelle Kommunikation (z. B. YouTube-Video) etc.?
  - Medium: Druck (z. B. Amtsblatt, Zeitung), Fernsehen (z. B. Nachrichtensendung), Internet (z. B. Twitter, Homepages), Schilder/Plakat (z. B. Demonstrationsplakat) etc.?
  - einseitige (uni-/monodirektionale) Kommunikation (z. B. Bekanntmachung am Rathaus) oder wechselseitige (bidirektionale) Kommunikation (z. B. Debatte mit der Bürgermeisterin)?

Kommunikationsmodelle

Organon-Modell von Karl Bühler (1934)

- **Sprache als Werkzeug** (= organum) zur Erfassung und Beschreibung von Realität, das von Menschen zur **Kommunikation** genutzt wird
- **drei Elemente** von Kommunikation: **Sender** kommuniziert mit **Empfänger** (mithilfe eines Sprachzeichens) über **Sachverhalt** → **Sprachzeichen** hat drei Dimensionen:
  – **Darstellungsfunktion:** Sprachzeichen als Symbol für Gegenstand oder Sachverhalt
  – **Ausdrucksfunktion:** Ausdruck von Verfassung des Senders
  – **Appellfunktion:** Appell an Empfänger
- **Uneindeutigkeit sprachlicher Zeichen** und Abhängigkeit von Gefühlen, Bewertungen o. Ä.
- je nach **Absicht des Sprechers** und Gewichtung ist eine Funktion besonders hervorgehoben

Fünf Axiome von Paul Watzlawick (1967)

- **Axiom 1:** Man kann nicht nicht kommunizieren – Kommunikation ist mehr als Austausch sprachlicher Zeichen → in Gesellschaft **keine Möglichkeit, sich Kommunikation zu entziehen**, z. B. auch Schweigen als Form von Kommunikation
- **Axiom 2:** Jede Kommunikation hat einen **Inhaltsaspekt** (Übermittlung von Informationen) und einen **Beziehungsaspekt** (Verdeutlichung der Beziehung der Gesprächspartner*innen) → es gibt keine rein informative Kommunikation, sondern Beziehung beeinflusst Inhaltswahrnehmung
- **Axiom 3:** Kommunikation ist immer Bewertung von Ursache und Wirkung → unterschiedliche **Wahrnehmung von Ursache und Wirkung** in der Kommunikation
- **Axiom 4:** Menschliche Kommunikation bedient sich „analoger" **Modalitäten** (nonverbale Äußerungen wie Mimik, Körpersprache, Tonfall → häufig Vermittlung der Beziehungsebene) und „digitaler" **Modalitäten** (verbale Äußerungen → häufig Vermittlung der Inhaltsebene) → Verständnisprobleme, wenn Modalitäten sich widersprechen (z. B. Drohung mit Lächeln)
- **Axiom 5:** Kommunikation ist **symmetrisch** (Gleichberechtigung der Gesprächspartner*innen → Kommunikation auf Augenhöhe) oder **komplementär** (Über- bzw. Unterlegenheit der Gesprächspartner*innen, die sich in ihrem Verhalten ergänzen)

Kommunikationsquadrat von Friedemann Schulz von Thun (1970er)

- **Annahme:** Jede Äußerung enthält vier Botschaften (vier Seiten einer Nachricht) gleichzeitig (→ Kommunikationsquadrat): **Sachinformation** (worüber Sprecher informiert), **Selbstkundgabe** (was Sprecher von sich zu erkennen gibt), **Beziehungshinweis** (was Sprecher vom Empfänger hält bzw. wie er zu ihm steht), **Appell** (was Sprecher beim Empfänger erreichen möchte)
  → **Sender sendet vier Botschaften** („vier Münder"), **Empfänger empfängt vier Botschaften** („vier Ohren") → gelingende Kommunikation abhängig vom **Zusammenspiel** der Botschaften
- **Beispiel für gestörte Kommunikation:** Unterhaltung von zwei Schülerinnen über die gerade geschriebene Klausur → Sender: „Das war echt leicht, oder?"
  – **Sachinformation (Sender):** Die Klausur war leicht. ↔ **Interpretation** der Sachinformation **(Empfänger):** Die Klausur war leicht.
  – **Selbstkundgabe (Sender):** Die Klausur ist bei mir echt gut gelaufen. ↔ **Interpretation** der Selbstkundgabe **(Empfänger):** Die Klausur ist bei mir echt gut gelaufen, weil ich so schlau bin.
  – **Beziehungshinweis (Sender):** Dir ging es bestimmt genauso, oder? ↔ **Interpretation** des Beziehungshinweises **(Empfänger):** Ich halte mich für schlauer als dich.
  – **Appell (Sender):** Erzähl mir, wie es bei dir gelaufen ist. ↔ **Interpretation** des Appells **(Empfänger):** Erzähl mir, dass es bei dir nicht gut gelaufen ist.

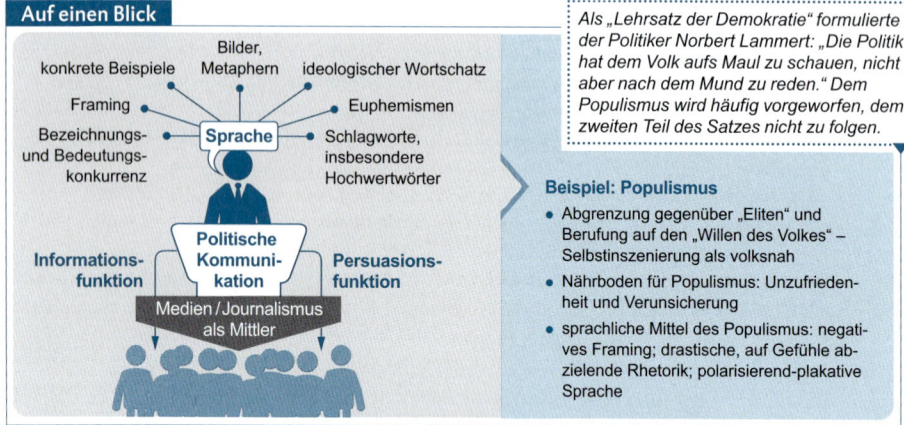

konkrete Beispiele • Bilder, Metaphern • ideologischer Wortschatz

Framing • • Euphemismen

Bezeichnungs- und Bedeutungs- konkurrenz • **Sprache** • Schlagworte, insbesondere Hochwertwörter

Informations- funktion   **Politische Kommuni- kation**   **Persuasions- funktion**

Medien / Journalismus als Mittler

Als *„Lehrsatz der Demokratie"* formulierte der Politiker Norbert Lammert: *„Die Politik hat dem Volk aufs Maul zu schauen, nicht aber nach dem Mund zu reden."* Dem Populismus wird häufig vorgeworfen, dem zweiten Teil des Satzes nicht zu folgen.

Beispiel: Populismus

- Abgrenzung gegenüber „Eliten" und Berufung auf den „Willen des Volkes" – Selbstinszenierung als volksnah
- Nährboden für Populismus: Unzufrieden- heit und Verunsicherung
- sprachliche Mittel des Populismus: negati- ves Framing; drastische, auf Gefühle ab- zielende Rhetorik; polarisierend-plakative Sprache

Politische Kommunikation zwischen Informieren und Beeinflussen

- politische Kommunikation: öffentliche Kommunikation mit politischen Inhalten → insbesondere Kommunikation von **Politikerinnen und Politikern** gegenüber den **Bürgerinnen und Bür- gern**, aber auch die Kommunikation anderer **politisch relevanter Akteure**, u. a. Vertreter von Interessenverbänden, Non-Profit-Organisationen, Bürgerinitiativen
- Kommunikation und Sprache im öffentlichen Raum als essenzielle Bestandteile von Politik
- Sprache mit **Doppelfunktion:** als Mittel, mit dem politische Akteure über Positionen, Vorhaben, Maßnahmen etc. **informieren** (Informationsfunktion), und als Mittel, mit dem **Einfluss genom- men** bzw. **Zustimmung erstrebt** wird (Persuasionsfunktion, von lat. *persuadere:* überreden) → z. B.: „Die von uns geplante Erhöhung des Kindergeldes führt zu mehr sozialer Gerechtigkeit." (Information: Vorhaben Kindergelderhöhung; Persuasion: Werben um Zustimmung, u. a. mithilfe des Schlagworts „soziale Gerechtigkeit")
- Politik per se als gesellschaftliches Feld, in dem um **politische Macht** (z. B. Regierungsmacht, aber auch Macht innerhalb einer Partei) gerungen wird → Sprache als Mittel, Macht zu erlangen
- Zwiespalt politischer Akteure: Erwartung ehrlicher Kommunikation vs. Notwendigkeit strategi- scher Kommunikation
- politische Kommunikation oft als **Kampf um Deutungshoheit**, u. a. mithilfe von Framing (z. B.: Zuwanderung als Problem oder als Chance?)
- große Bedeutung der klassischen **Massenmedien** als **Vermittlungsinstanz** zwischen Politik und Bevölkerung; ABER: zunehmend direkte Kommunikation zwischen politischen Akteuren und der Bevölkerung über **soziale Medien** → Kampf um Aufmerksamkeit in diesen Medien beson- ders stark
- oft **zwei oder mehr Adressaten(kreise)** politischer Aussagen (z. B. Talkshow: andere Gäste und Zuschauer*innen als Adressaten): oft Simulation sachlich-informativen Austauschs, aber ei- gentlich Ziel der Persuasion
- PR-Agenturen in beratender und gestaltender Funktion, insb. im Wahlkampf und bei Kampagnen
- politische Akteure meist rhetorisch geschult (auch in der Gestik) → Ausrichtung auf Wirkung

Sprachliche Merkmale politischer Kommunikation

- semantische Kämpfe: **Bezeichnungskonkurrenz** (Welcher Begriff bezeichnet einen bestimmten Sachverhalt [z. B. „Krieg" vs. „Intervention"]?) und **Bedeutungskonkurrenz** (Welche Bedeutung hat ein bestimmter Begriff [z. B. „Freiheit" im liberalen vs. sozialdemokratischen Sinn]?)
- **ideologischer Wortschatz:** Wortschatz, der der ideologischen Ausrichtung der Sprechenden entspricht
- Rolle von **Schlagworten:** u. a. Hochwertwörter, mit denen bestimmte positive Emotionen verbunden werden (z. B. „Freiheit"), ↔ Wörter („Stigmawörter"), mit denen bestimmte negative Emotionen verbunden werden (z. B. „Terror")
- **einprägsame Bilder/Metaphern:** meist zur **Veranschaulichung** politischer Zusammenhänge oder Maßnahmen
- **Euphemismen:** oft als Beschönigung unliebsamer Maßnahmen/Zusammenhänge
- **Framing** (von engl. *frame:* Rahmen): Setzung eines bestimmten **Deutungsrahmens** (durch gewisse Wörter und Metaphern, aber auch durch Auswahl bestimmter Aspekte der Realität), der i. d. R. eine **bestimmte Perspektive, Haltung, Wertung** etc. vermittelt bzw. beim Empfänger hervorrufen soll (→ oft zu manipulativen Zwecken) – **Beispiele:**
  - Begriff „Machthaber" statt „Präsident" → eher Vermittlung einer negativen Sicht auf die Person
  - Formulierung „Klimawandel" statt „Klimakrise" → Konnotation, Klima ändere sich von selbst
  - Nennung der Nationalität bei Darstellung von Verbrechen, die von Ausländern oder Ausländerinnen begangen worden sind → Deutungsrahmen, dass die Herkunft eine Rolle spiele
  - offen oder implizit wertende Namen für Gesetze (z. B.: „Gute-KiTa-Gesetz"), auch mit euphemistischen Anteilen (z. B.: „Geordnete-Rückkehr-Gesetz")
- **konkrete Beispiele**, um Bürgernähe zu zeigen (z. B.: „Mein Bäcker um die Ecke ...")
- häufiger Vorwurf an politische Akteure: fehlende Eindeutigkeit, Phrasenhaftigkeit („Wir wollen das Land voranbringen."), ausweichende Antworten („Darüber werden wir sprechen müssen ...")
- stärkere Ausrichtung der Kommunikation auf jeweiliges Publikum der verschiedenen Kanäle: z. B. Versuch mancher Politiker*innen, auf Instagram mithilfe jugendlicherer Ansprache jüngere Menschen für sich zu gewinnen
- in der Presse/im Internet: Überschriften in **Frageform**, die den Eindruck erwecken, es sei etwas Wichtiges aufgedeckt worden (z. B.: „Coronaimpfung doch schädlicher?")

Beispiel: Populistische Kommunikation und Sprache

- **Populismus** (von lat. *populus:* Volk): Politik, die sich durch die **Abgrenzung von „Eliten"** volksnah gibt, sich auf den „Willen des Volkes" beruft und mit vereinfachenden, oft dramatisierenden Aussagen **Stimmungen** in der Bevölkerung erzeugen will, um diese für sich auszunutzen
- Populismus ohne festen Platz im politischen Spektrum, findet sich aber eher an den Rändern
- Nährboden für Populismus: **Unzufriedenheit** in (Teilen) der Bevölkerung; Gefühl, „von denen da oben" **nicht gehört** zu werden; **Verunsicherung** durch schnelle Veränderungen; **Skandale**
- häufige **Mittel** des Populismus:
  - Anbieten scheinbar **einfacher Lösungen** für komplexe Probleme; Schwarz-Weiß-Denken
  - Fokus auf „Führungspersonen" und auf ein emotionalisierbares Thema (z. B. Migration)
  - Nutzung der immer gleichen Frames (z. B. „Die Flüchtlinge ...!"), insb. **negativer Frames**
  - **drastische**, auf Gefühle ausgerichtete **Rhetorik** und **plakative, polarisierende Sprache**
  - direkte Ansprache, um Publikumsnähe herzustellen, und Erzeugung eines Wir-Gefühls
- soziale Medien als Stütze des Populismus: direkte Kommunikation mit „dem Volk"

Auf einen Blick

SOZIALE MEDIEN / INTERNET

Medien-konkurrenz

KLASSISCHE MASSENMEDIEN

- kostenlos, schnell, verfügbar
- interaktiv
- Möglichkeit eines Bürger-journalismus → demokratische Teilhabe

- vierte Gewalt im Staat
- Funktionen: Kontrolle, Meinungsbildung, Information
- Qualitätskriterien und Pressekodex

„Was wir über die Gesellschaft, ja über die Welt, in der wir leben, wissen, wissen wir durch die Massenmedien."
(Niklas Luhmann)

„Fünfte Gewalt" (Pörksen)
- digitale Öffentlichkeit als „fünfte Gewalt"
- Konnektiv statt Kollektiv
- radikaler Pluralismus
- Gefahr der „Erregungsgesellschaft" und eines „Modus der Kurzfristigkeit"

Bedeutungsverlust
→ **wirtschaftliche Schwierigkeiten**

BREAKING NEWS

Reaktionen der Massenmedien
- Erweiterung des Angebots auf digitalen Bereich
- soziale Medien als Kanal für Aufmerksamkeitserzeugung
- Aufmerksamkeitskonkurrenz: Anpassung an den Trend der Dramatisierung bzw. Skandalisierung?
- Erklärjournalismus als neue Schwerpunktsetzung?

Die klassischen Massenmedien

- klassische Aufgaben der Massenmedien (Fernsehen, Rundfunk, Presse) und des Journalismus in der Demokratie:
  - **Kontrollfunktion:** Kontrolle und Kritik der Mächtigen
  - **Meinungsbildungsfunktion:** Anstoßen von Debatten und Meinungsbildung
  - **Informationsfunktion:** Aufklären über politische, soziale, kulturelle Fakten und Hintergründe
  - → Journalismus eigentlich als **vierte Gewalt** im demokratischen Staat (neben Legislative, Judikative, Exekutive): gesellschaftliches Korrektiv
- Journalismus mit verschiedenen Qualitätskriterien, die zum einen die inhaltliche Seite (z. B. Kriterien „Aktualität", „Originalität"), aber auch die (sprachliche) Darstellungsform betreffen (z. B. Kriterien „Objektivität", „Verständlichkeit")
- **Pressekodex** als Form der freiwilligen Selbstkontrolle der Printmedien: u. a. Verpflichtung zu Wahrhaftigkeit, Sorgfalt, Schutz der Persönlichkeitsrechte, Diskriminierungslosigkeit
- Deutschland als Mediendemokratie: demokratischer Staat, in dem Medien eine tragende Rolle bei der öffentlichen Meinungsbildung spielen
- Folge der großen Bedeutung der Medien: Tendenz zur **Darstellungspolitik** (vs. Entscheidungspolitik) mit zunehmender **Inszenierung** des politischen Diskurses → die Positionen müssen der Bevölkerung „verkauft" werden (z. B. in TV-Debatten)
- u. a. Frage, inwiefern Massenmedien durch ihre Themensetzungen („Agenda-Setting") oder auch durch ihre Art der Berichterstattung **Einfluss** nehmen (wollen)

Medienwandel und Journalismus

Der Medienwandel der letzten Jahrzehnte
- Medienwandel innerhalb der letzten drei Jahrzehnte: Neben die klassischen Massenmedien sind zunehmend das **Internet** und heutzutage insbesondere die **sozialen Medien** getreten
- vielfältiges, **kostenloses Angebot im Internet**, um sich zu informieren, Texte und Meldungen zu veröffentlichen, sich dialogisch auszutauschen **(Interaktion)** → **Ergänzung zu klassischem Journalismus**, der über Neue Medien auch ein größeres Publikum erreichen kann

- Vorzüge der Nachrichtenverbreitung via Internet: große **Geschwindigkeit** und **Aktualität**; hohe Verfügbarkeit; Unabhängigkeit von Printmedien, Kiosk etc.
- Möglichkeit des **Bürgerjournalismus: Jeder** kann **journalistisch tätig** werden, seine Texte im Netz publizieren oder Artikel kommentieren → Individuum nicht mehr nur Konsument, sondern Sender von Informationen („Web 2.0"; „Produser"); **demokratische Teilhabe** an Meinungsbildungsprozess; many-to-many-Kommunikation (nicht mehr linear und one-to-many)

Auswirkungen des Medienwandels auf den Journalismus

- **Verlust des Informationsmonopols:** Journalisten und Journalistinnen nicht mehr „Gatekeeper" (Türhüter), die bestimmen und auswählen, worüber berichtet wird → ggf. neue Rolle als „Gatewatcher", der Kommunikation lenkt, oder als „Barkeeper", der „Nachrichten-Cocktail" (Jochen Hörisch) mixt und gehaltvolle Zusammenstellungen von Nachrichten liefert
- Journalismus in der **Medienkonkurrenz:**
  - Bedeutungsverlust des klassischen Journalismus (insbesondere der Presse) → schwierige **wirtschaftliche Lage** von Presseunternehmen („Zeitungssterben")
  - Erweiterung des Angebots auf den digitalen Bereich
  - mangelnde Bereitschaft der Leserschaft, für digitale Inhalte zu bezahlen (Paywalls)
  - soziale Medien als Kanäle, über die der Journalismus Aufmerksamkeit für seine Inhalte bzw. medialen Angebote erzeugt
  - Folgen der Aufmerksamkeitskonkurrenz: Gefahr, dass sich der Journalismus dem Trend zur **Dramatisierung** und **Skandalisierung** in den sozialen Medien anpasst („Brüllwettbewerb"); inflationäre Eilmeldungen (→ Verärgerung der Leser*innen); Schnelligkeit als Qualitätskriterium (→ Veröffentlichung von ungeprüften News; ABER: Nachhaltigkeit von Publikationen im Netz)
  - **Erklärjournalismus** als mögliche Schwerpunktsetzung: Beleuchten von Hintergründen statt lediglich Vermittlung von „News"
- Wandel der Kommunikation: Kritik kaum noch über Leserbriefe, die redaktionell gefiltert werden, sondern über **Kommentare unter Artikeln** (oder auch über soziale Netzwerke), bei denen lediglich die Einhaltung der Richtlinien kontrolliert wird → häufig wenig konstruktiver Ton, nicht durchdachte Äußerungen oder auch bewusstes „Ausleben" von Aggressionen

Die „fünfte Gewalt" – die Macht der Vielen

- These der **„fünften Gewalt"** (nach Bernhard Pörksen) → neben die drei Staatsgewalten (Legislative, Exekutive, Judikative) und die vierte Gewalt (Massenmedien) sei als fünfte Gewalt die digitale Öffentlichkeit v. a. in sozialen Medien getreten – getragen von der Masse von Einzelnutzern
- Vernetzung als zentrales Prinzip: **„Konnektiv"** (von engl. *connect:* „verbinden") statt Kollektiv
- spontane Selbstorganisation statt gelenkter Fremdorganisation
- radikaler **Pluralismus:** Vielgestaltigkeit, keine einheitliche Ideologie
  - **Potenzial zum Guten** → z. B. Aufdeckung von Missständen, Plagiatsenthüllung, Thematisierung von Sexismus
  - **Potenzial zum Schlechten** → z. B. Mobbing, „Shitstorms", Fake News
- mögliche Probleme:
  - Entwicklung hin zu einer **„Erregungsgesellschaft"** (Pörksen), in der oft v. a. „laute" und polarisierende Äußerungen den Diskurs bestimmen → Aufmerksamkeitskonkurrenz
  - Tendenz zu einem „Modus der Kurzfristigkeit" (Pörksen) statt Blick für langfristige Probleme
- mögliche Vorteile: **Demokratisierung** der politisch-gesellschaftlichen Kommunikation durch „fünfte Gewalt", indem die Sender-Empfänger-Hierarchie aufgelöst ist

Auf einen Blick

YouTube als Diskurs-Plattform

- meist direkte Kommunikation
- z. T. konzeptionelle Schriftlichkeit, oft aber auch spontane Äußerungen (eher einfache Sprache)
- Sprache: Begrüßungsformel, direkte Ansprache, Anschlusskommunikation

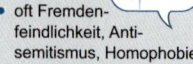

Hatespeech

- oft Fremdenfeindlichkeit, Antisemitismus, Homophobie
- Muster: Falschaussagen, Stereotype, Wir-/Die-Rhetorik etc.
- mögliche Gegenmaßnahmen: Pflicht zur Löschung von Hatespeech; Verpflichtung zu Klarnamen; Strafverfolgung

Hatespeech kann teuer werden: 2021 musste ein 25-Jähriger eine Strafe von 5 400 € zahlen, weil er im Internet den Hanauer Bürgermeister beleidigt und bedroht hatte.

Kommunikation bei Twitter

- Gefahren: Unterkomplexität, misslingende Kommunikation, Skandalisierungspotenzial
- schnelle Meinungsbildungsprozesse
- Sprache: Kürze, Tendenz zu konzeptioneller Mündlichkeit, Emojis und Emoticons

Fake News

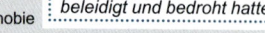

- Fake News: meist Ziel der Manipulation
- sprachliche Merkmale: polarisierende, stark wertende Sprache, direkte Adressierung des Publikums
- Notwendigkeit eines kritischen Umgangs mit Internetmeldungen

Besonderheiten der Internetkommunikation

- **Übermenge** an Informationen und Meldungen im Internet – meist **ohne Filterung, Gewichtung, Einordnung** (z. B. durch professionelle Journalistinnen und Journalisten)
- Phänomen **„Clickbaiting"** (von engl. *bait*: ködern): Erhöhung der Klickzahlen mithilfe übertreibender, reißerischer Überschriften, die Neugier erzeugen, aber vom Inhalt kaum gedeckt sind
- Trolle: Internetnutzer*innen, die die Onlinekommunikation (Foren, Kommentare etc.) gezielt mithilfe von provokanten, oft radikalen Beiträgen stören, teilweise mit politischer Agenda
- Social Bots, die automatisiert bestimmte Meldungen in den sozialen Medien „pushen"
- Internet als Medium der Einflussnahme durch Organisationen, Parteien, politische Systeme etc.: Nutzung der „fünften Gewalt" zur (politischen u. interessegeleiteten) Meinungssteuerung
- Mikrotargeting: zielgenaue Ausrichtung der Inhalte und der verwendeten Sprache auf bestimmte Gruppen (über soziale Medien) → Tendenz zur Verfestigung bestehender Meinungen
- Problem der **Filterblasen** durch **Algorithmen:** Ableitung von Leseinteressen aus dem Lese-/Klickverhalten → Grundlage für Vorschläge weiterer Beiträge mit gleicher Tendenz → Verstärkung der eigenen Haltung, weil Gegenmeinungen/-argumente kaum mehr ins Blickfeld rücken
- Memes: insb. witzige Bild-Text-/Video-Text-Kombinationen, die sich in sozialen Netzwerken schnell verbreiten → oft zur Unterhaltung, aber z. T. auch als Mittel der Meinungsäußerung (oft in ironisch-satirischer Form) – ABER: auch als Mittel politischer Beeinflussung genutzt

Fake News

- Fake News (= „gefälschte Nachrichten"): Falschnachrichten, die in der Regel mit Täuschungsabsicht in Umlauf gebracht werden (weitere Begriffe: Hoax, Desinformation)
- auch im klassischen Journalismus möglich, aber insbesondere ein Problem der Digitalisierung
- meist Ziel der Manipulation, insb. zu brisanten Themen (z. B. Flüchtlingskrise, Coronapolitik) – teilweise auch zu propagandistischen Zwecken
- sprachliche Merkmale im Unterschied zu journalistischen Meldungen: polarisierende, stark wertende Aussagen und direkte Adressierung der Rezipienten und Rezipientinnen
- Notwendigkeit eines kritischen Umgangs mit Meldungen im Internet: z. B. Quellenprüfung; aufmerksamer Blick für die Machart (u. a.: Belege und deren Qualität); Abgleich mit anderen Meldungen zum gleichen Thema; Nutzung von Faktenchecks (z. B. *Correctiv, Mimikama*)

YouTube als Plattform für öffentlich-politischen Diskurs

- große Breite: von fundierter Politikkritik bis hin zu Verschwörungserzählungen
- meist direkte Kommunikation mit Publikum (vs. Fernsehen: meist Kommunikation zwischen zwei/mehreren Personen, z. B. bei Polit-Talkshows)
- z. T. konzeptionelle Schriftlichkeit (z. B. bei Vortrag schriftlich ausformulierter Texte), oft aber auch spontane mündliche Äußerungen (→ insb. dann eher einfache Sprache)
- häufige sprachliche Merkmale: spezifische Begrüßungsformel/Einleitung, die neugierig macht; direkte Ansprache der Zuschauerschaft; oft Anregung zur Anschlusskommunikation („Schreibt mal in die Kommentare …"), insbesondere am Ende der Videos; oft eher jugendlich-lockere Sprache (→ Ausrichtung auf meist jüngeres Publikum)

Sprache und Kommunikation auf X (ehemals Twitter)

- Beschränkung auf geringe Anzahl von 280 Zeichen pro Tweet:
  - Reduzierung auf wesentliche, z. T. einfache Aussagen → ggf. Gefahr von Unterkomplexität
  - häufig telegrammartiger Stil → dadurch ggf. Gefahr von misslingender Kommunikation
  - Notwendigkeit, schnell auf den Punkt zu kommen
- „Gefällt mir"-Markierungen: unmittelbare Signalisierung von Zustimmung über einen Button → Förderung von Bewertungen ohne weitere Differenzierungen → Polarisierung
- große Geschwindigkeit der Verbreitung – digitale Kommunikation quasi in Echtzeit:
  - Möglichkeit schneller Meinungsbildungsprozesse, zugleich aber Gefahr von Vereinfachungen, überhasteten Kommentaren, „Shitstorms" etc. → großes Skandalisierungspotenzial
  - Kurznachrichten können durch Weiterverbreitung ungewollte Reichweite entfalten
- Merkmale der Sprache auf X (wie z. T. auch bei anderen Digitaldiensten, z. B. WhatsApp):
  - Verwendung von **Emojis** (und Emoticons) als bildliche Elemente in der Schriftkommunikation → insbesondere zur schnellen Mitteilung von **Gefühlen** oder **Bewertungen**
  - Tendenz zu **konzeptioneller Mündlichkeit**, d. h. zur Verwendung von mündlichen Sprachmustern im schriftlichen Medium: Umgangssprache, Verkürzungen (z. B. *Hab nen Eis gegessen*), Akronyme (z. B. *lol*), Inflektive aus Comicsprache (z. B. *seufz*), Großschreibung zur Betonung etc.

Phänomen Hatespeech

- Hatespeech = **Hassrede**: Äußerungen, die Menschen im Internet abwerten oder angreifen und zu Hass und Gewalt gegen bestimmte Personen(gruppen) aufrufen
- **verschiedene Hintergründe** (z. B. Fremdenfeindlichkeit, Antisemitismus, Homophobie)
- **Muster von Hatespeech:** bewusste Verbreitung von falschen Aussagen, Stereotypen und Vorurteilen, Tarnung als Humor/Ironie, Wir-/Die-Rhetorik, Verschwörungstheorien
- **oft nicht von Meinungsfreiheit** gedeckt (Volksverhetzung, Beleidigung, Aufruf zu Straftat …)
- Hass-Äußerungen **kein reines Netzphänomen**, aber **Enthemmungseffekt** des Internets, da sich Hass schnell, einfach und anonym verbreiten kann und da ein direktes Gegenüber fehlt
- **Folgen von Hatespeech:**
  - Hatespeech als Nährboden für reale Übergriffe
  - **Verzerrung des Meinungsbilds** im Netz und Polarisierung → schweigende, unsichtbare Mehrheit wird nicht mehr wahrgenommen → Verzerrung und Vereinfachung von Tatsachen
- diskutierte Gegenmaßnahmen: **Verpflichtung** für Portale/soziale Netzwerke, Hatespeech zu **löschen**; Verpflichtung zu **Klarnamen** im Internet (vs. Anonymität); konsequente **Strafverfolgung**, höhere Strafen; **Sensibilisierung** für Funktionsweise und Folgen von Hatespeech

Auf einen Blick

Gefahr für den Flirt! Für die Autorin Sibylle Lewitscharoff sind gendergerecht flirtende Männer „so erotisch wie eine Blindschleiche".

Leichte Sprache – Ziel: Barrierefreiheit

PRO	KONTRA
• Integration und gesellschaftliche Teilhabe	• Verstärkung von Ausgrenzung
• mehr Gleichberechtigung	• Verminderung der Ausdrucksfähigkeit
• reibungslosere Kommunikation	• Beeinträchtigung des Inhalts

Politisch korrekte Sprache – Ziel: insb. Diskriminierungsfreiheit

PRO	KONTRA
• Beeinflussung des Denkens durch Sprache	• keine Veränderung der Wirklichkeit durch politisch korrekte Begriffe
• gegen Tradierung von Stereotypen	• Eingriff in freie Rede („Sprachpolizei")
• Vermeidung von Diskriminierungsgefühlen bei Betroffenen	• übertriebener Minderheitenschutz
	• Vorwurf der Ideologisierung der Sprache

Tabu-wörter

Gendergerechte Sprache – Ziel: mehr Gleichberechtigung

PRO	KONTRA
• Beeinflussung des Denkens durch Sprache	• Verkomplizierung der Sprache
• mehr Gleichberechtigung	• keine Auswirkung auf nichtsprachliche Ungerechtigkeiten
• Einbeziehen aller Menschen	• Erzeugung von Unwillen und dadurch Widerstand

Leichte Sprache in der behördlichen Kommunikation

- Diskussion, ob **behördliche Kommunikation** (Internetseiten, Wahlbenachrichtigungen, Formulare etc.) verbindlich auch in „Leichter Sprache" angeboten werden soll
- **Leichte Sprache** = Sprache mit bestimmten **Regeln**, die dem Prinzip der **besonders leichten Verständlichkeit** verpflichtet sind (kurze Sätze, keine Passivsätze, nur 1 Aussage pro Satz, kein Konjunktiv, einfache Satzstruktur mit den Satzgliedern Subjekt, Prädikat, Objekt etc.)
- Ziel: Ansprache von Menschen, die die **Sprache schlechter beherrschen** → **Barrierefreiheit**
- kommunikationstheoretisch: **Ausrichtung der Botschaft auf den Empfänger**, um gelingende Kommunikation zu sichern; Veränderung der dominant-komplementären **Sender-Empfänger-Beziehung** in Richtung einer **inklusiv-symmetrischen Beziehung**
- **Pro-Argumente:**
  - **gesellschaftliche Teilhabe und Integration** von Menschen mit Sprachschwierigkeiten → mehr Selbstbestimmung (z. B. bei Informationssuche)
  - **Verringerung** sozialer Ungleichheit
  - **weniger Aufwand** und **reibungsloserer Ablauf** bei bestimmten Vorgängen, z. B. wenn behördliche Mitteilungen oder Formulare dadurch weniger der Erklärung bedürfen
  - kein Nachteil für Menschen, die die Sprache gut beherrschen
- **Kontra-Argumente:**
  - Behinderung der kognitiven und sprachlichen Entwicklungsmöglichkeiten durch Fokus auf die Leichte Sprache → ungewollte **Verstärkung von Ausgrenzung**
  - **Verminderung** von sprachlicher **Ausdrucks- und Differenzierungsfähigkeit**
  - durch sprachliche Vereinfachung immer auch **Beeinträchtigung des Inhalts**

Politisch korrekte Sprache

- **Political Correctness** (laut Duden): Einstellung, die alle diskriminierenden Ausdrucksweisen und Handlungen ablehnt
- **diskriminierende**, mit negativen Assoziationen verbundene **Bezeichnungen** (auch **Slurs** genannt) mit Bezug auf mehr oder weniger genau definierte Bevölkerungsgruppe, z. B. „Zigeuner"
- **Schimpfwörter/Beleidigungen:** Angriff auf positives Selbstbild des Gegenübers

- **Tabuwörter:** Wörter mit Bezug zu Lebensbereichen, die mit gesellschaftlichen Tabus belegt sind, z. B. Körperfunktionen, Geschlechtsorgane und sexuelle Handlungen, Krankheiten und Tod → meist **ersetzt durch klinische Ausdrücke oder euphemistische Umschreibungen**
- Argumente von **Befürwortern** politisch korrekter Sprache:
  - **Beeinflussung** des **Bewusstseins**/des **Denkens** durch Sprache
  - Maßnahme gegen Tradierung von (z. B. rassistischen) **Stereotypen**
  - Vermeidung von Diskriminierungsgefühlen bei Betroffenen
- Argumente von **Kritikern** politisch korrekter Sprache:
  - keine Veränderung der Wirklichkeit durch ersetzende Begriffe, stattdessen oft sogar **Verharmlosung gesellschaftlicher Missstände** unter Deckmantel mildernder Benennung
  - **Eingriff in freie Rede** („Sprachpolizei") und Vorwurf der **Ideologisierung** der Sprache
  - übertriebener Schutz von Minderheiten sorge überhaupt erst für Diskriminierung
- Frage nach dem Umgang mit diskriminierenden Wörtern in **Kinderbuchklassikern** (z. B. mit dem rassistischen Wort „Neger"):
  - **Gefahr** der unbewussten Übernahme diskriminierender Ausdrücke durch Kinder → Forderung, die diskriminierenden Begriffe durch **nicht-diskriminierende Begriffe zu ersetzen**
  - Gegenargumente: Eingriff in Literatur, obwohl mit Begriffen im Kontext keine Diskriminierung verbunden wird; Gefahr der Enthistorisierung (= Verdecken des geschichtlichen Kontextes, in dem das Werk entstanden ist) → Alternative: **Auseinandersetzung mit Kindern** über Sprachwandel, z. B. mithilfe von **Erläuterungen** im Buch
- **„Cancel Culture":** politisches Schlagwort für den Ausschluss bestimmter Personen oder Organisationen aus der Öffentlichkeit wegen eines Fehlverhaltens, insbesondere wegen politisch nicht korrekter Aussagen → Vorwurf der Zensur bzw. der Beschneidung der Meinungsfreiheit

Gendergerechte Sprache

- **Ziel: Gleichberechtigung** in der Sprache durch **Sichtbarmachung** (explizite Nennung der Geschlechter) oder **Neutralisierung** (Vermeidung eines Bezugs zum biologischen Geschlecht)
  - **Möglichkeiten der Sichtbarmachung** (Beispiele): Schrägstrich (*Sportler/-innen*); Binnen-I (*ArbeiterInnen*); Paarform (*Lehrerinnen und Lehrer*); Sternchen und Unterstrich (*Schüler*innen, Schüler_innen* → auch nichtbinäre Menschen werden sichtbar gemacht)
  - **Möglichkeiten der Neutralisierung** (Beispiele): substantivierte Partizipien (*Studierende*), geschlechtsindifferente Ausdrücke (*Lehrkräfte*)
- **Pro-Argumente:**
  - **Beeinflussung des Denkens** und damit der Wirklichkeit durch die Sprache → alleinige Nennung der männlichen Form („generisches Maskulinum") erzeuge falsches Bild in den Köpfen
  - **Förderung** der im Grundgesetz verankerten **Gleichberechtigung** → explizite Ansprache aller gemeinten Personen, anstatt Frauen (auch nichtbinäre Menschen) nur „mitzumeinen"
- **Kontra-Argumente:**
  - **Verkomplizierung** der Sprache und **Störung des Leseflusses**
  - teilweise **Widerspruch zu amtlichen Rechtschreibregeln**
  - keine Aufhebung der Benachteiligung allein durch sprachliche Gleichberechtigung, ggf. sogar **Verschleierung** weiterhin bestehender **Ungerechtigkeiten** (Vorwurf der Symbolpolitik)
  - kontraproduktive Wirkung von Formulierungsvorgaben, die **Unwillen** erzeugen
- **kreative Formen des gendergerechten Formulierens** zur Vermeidung komplizierter Wendungen, die den Lesefluss stören, z. B. Umschreibungen mit Relativsatz (*Wer Fahrrad fährt, sollte einen Helm tragen.*), Passivkonstruktionen (*Die Medaillen werden später verliehen.*)

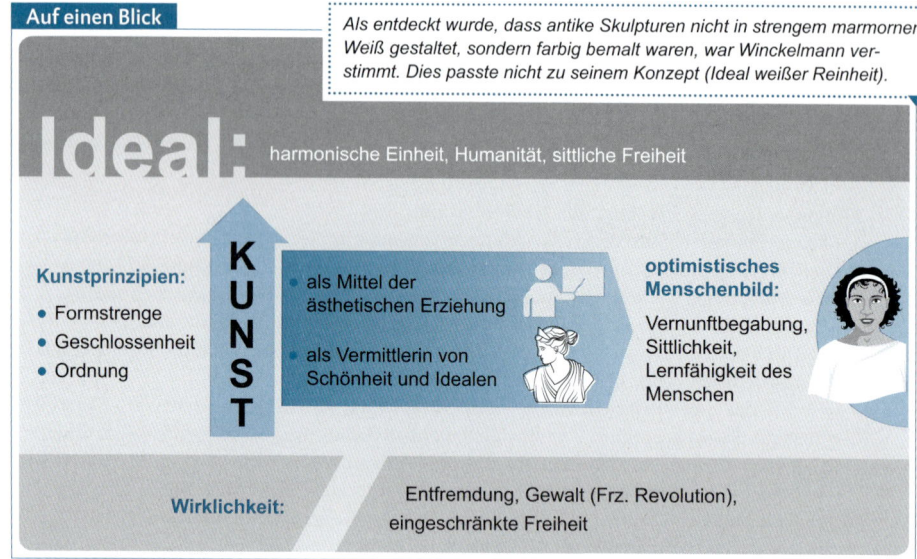

Auf einen Blick

Als entdeckt wurde, dass antike Skulpturen nicht in strengem marmornen Weiß gestaltet, sondern farbig bemalt waren, war Winckelmann verstimmt. Dies passte nicht zu seinem Konzept (Ideal weißer Reinheit).

Ideal: harmonische Einheit, Humanität, sittliche Freiheit

Kunstprinzipien:
- Formstrenge
- Geschlossenheit
- Ordnung

KUNST

als Mittel der ästhetischen Erziehung

als Vermittlerin von Schönheit und Idealen

optimistisches Menschenbild:
Vernunftbegabung, Sittlichkeit, Lernfähigkeit des Menschen

Wirklichkeit: Entfremdung, Gewalt (Frz. Revolution), eingeschränkte Freiheit

Winckelmann: Meschliche Größe durch Selbstkontrolle und Mäßigung

Johann Joachim Winckelmann: „Gedanken über die Nachahmung der griechischen Werke in der Malerei und Bildhauerkunst" (1756)
- großer Einfluss von Winckelmanns Deutung antiker Kunst auf die Klassik
- **Idealisierung der griechischen Antike:** „Das allgemeine vorzügliche Kennzeichen der griechischen Meisterstücke ist endlich eine **edle Einfalt** und eine **stille Größe** […]."
  - „edle Einfalt" = innerer Seelenadel; sittliche Qualität
  - „stille Größe" = Fassung und Würde auch in den schwierigsten Situationen
- Bezugspunkt: **Laokoon-Gruppe** – antike Marmorskulptur (vermutlich) aus dem 1. Jh. v. Chr., die den Todeskampf Laokoons und seiner beiden Söhne mit zwei Schlangen zeigt
- Skulptur nach der Deutung Winckelmanns als Beispiel für **Affektkontrolle** (kein Schrei Laokoons, sondern „beklemmtes Seufzen") → Größe und Erhabenheit durch **Mäßigung**
- Einfluss Winckelmanns auf Goethe: **Kunst soll Spaltung des Individuums überwinden**; Laokoon-Gruppe als ästhetisches Beispiel für den **Ausgleich** von Gegensätzen (Ruhe und Bewegung, Sinn und Sinnlichkeit) → Wirkung des Kunstwerks: „Leiden und Leidenschaft durch Anmut und Schönheit mildern" (Johann Wolfgang von Goethe: „Über Laokoon", 1798)
- Bedingungen von Schönheit im klassischen Sinn: **Harmonie, Ordnung, Symmetrie**, Herausstellen des Allgemeinen durch **Formstrenge**

Herder: Berufung des Menschen zu Humanität

Johann Gottfried Herder: Briefe zur Beförderung der Humanität, 32. Brief (1794)
- Herders Verständnis von Humanität: **sich so verhalten, wie es die Zugehörigkeit zum menschlichen Geschlecht verlangt** („Wir sind Menschen, nichts mehr, aber auch nichts Minderes, als dieser Name sagt.")

- **Mitgefühl** mit anderen bei gleichzeitigem **Festhalten an Idealen**
- ausgehend von Einsicht in Stärken und Schwächen des Menschen: Vorantreiben der persönlichen **Entwicklung und Vervollkommnung**, denn „[z]um Besten der gesamtem Menschheit kann niemand beitragen, der nicht aus sich selbst macht, was aus ihm werden kann und soll."
- Voraussetzungen: **Wille, Vernunft, Handeln**
- Mahnung Herders: Ausrichtung aller menschlichen Einrichtungen wie Wissenschaften und Künste auf die **Förderung von Humanität**

Schiller: Freiheit durch Kunst

Friedrich Schiller: Über die ästhetische Erziehung des Menschen (1795)

- 27 Briefe an seinen Gönner Friedrich Christian von Augustenburg, Veröffentlichung der Briefe in der Literaturzeitschrift „Die Horen"
- historischer Hintergrund: Entwicklung der **Französischen Revolution** hin zu einer **Terrorherrschaft** (1793: Hinrichtung Ludwigs XVI.); auf deutschem Gebiet keine Anzeichen für eine Erneuerung von Staat und Gesellschaft auf politischem Weg
- Grundidee Schillers: Herbeiführen eines **gesellschaftlichen Wandels durch Bildung** („Alle Verbesserung im politischen soll von **Veredlung des Charakters** ausgehen [...].", 9. Brief); Erhalt der staatlichen (aristokratischen) Ordnung bei gleichzeitigem Vorantreiben der sittlichen Entwicklung des Individuums und schließlich des gesamten Volkes
- **Gesellschaftskritik** als Ausgangspunkt: staatliche Bürokratie, Vorrang des Ökonomieprinzips, Verkümmern menschlicher Anlagen durch Arbeitsteilung; Polarisierung unterschiedlicher gesellschaftlicher Schichten → Folge: Verlust der harmonischen Ordnung
- **utopischer Gegenentwurf:** Überwindung der gegenwärtigen kulturellen Krise durch **Kunst**
- anthropologischer Ansatz: **Ausbildung eines Empfindungsvermögens** durch Beschäftigung mit dem Schönen und der Kunst, denn der Weg zu Vernunft und Einsicht geht „zu dem Kopf durch das Herz" (8. Brief)
- Ziel der ästhetischen Erziehung: Vereinigung von **Formtrieb** (= Vernunft) und **Stofftrieb** (= Sinnlichkeit) im **Spieltrieb:** Im „Spiel" (einem befreiten, nicht zweckgebundenen Schaffen) entwickelt der Mensch sein Potenzial.

Schiller: Der Mensch als sittliches Wesen

Friedrich Schiller: „Ueber Anmuth und Würde" (1793)

- menschliche Existenz geprägt von **gegensätzlichen Anlagen und Prinzipien:** Vernunft und Natur, Sinn und Sinnlichkeit, Pflicht und Neigung
- **drohendes Ungleichgewicht:** Vernunft unterdrückt die Natur, Natur unterdrückt die Vernunft → **Verlust von Leichtigkeit und Grazie,** wenn Wille und Affekte gewaltsam auf den Menschen einwirken
- Bedingung für Schönheit: **Ausgleich** zwischen sittlichen Ansprüchen und Affekten
- sittliche Vollkommenheit als Eigenschaft der **„schönen Seele":** für den Einzelnen ist es ganz natürlich, mit Freuden und aus freien Stücken das anzustreben **(Neigung),** was die **Pflicht** fordert (Aufhebung des Gegensatzes zwischen *Wollen* und *Sollen*)
- Kennzeichen der „schönen Seele": **Anmut** (eine vom Subjekt ausgehende, nicht naturgegebene Schönheit), **Würde** (Ausdruck der Geistesfreiheit), schwierige Entscheidungen werden mit Leichtigkeit gefällt

Auf einen Blick

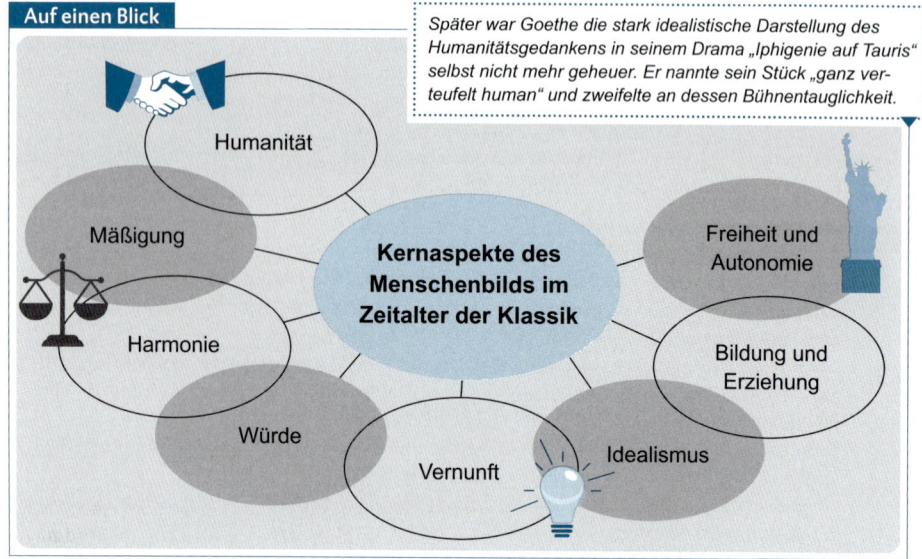

Später war Goethe die stark idealistische Darstellung des Humanitätsgedankens in seinem Drama „Iphigenie auf Tauris" selbst nicht mehr geheuer. Er nannte sein Stück „ganz verteufelt human" und zweifelte an dessen Bühnentauglichkeit.

Humanität

Mäßigung

Harmonie

Kernaspekte des Menschenbilds im Zeitalter der Klassik

Freiheit und Autonomie

Bildung und Erziehung

Würde

Vernunft

Idealismus

Iphigenie auf Tauris: Überwindung von Grenzen durch Humanität

Basisinformationen zum Werk

- von Johann Wolfgang von Goethe verfasstes **Drama**, das **1787 erschienen** ist (Uraufführung der Prosafassung bereits 1779)
- Schauspiel in fünf Akten (Aufzügen); Versmaß: Blankvers (fünfhebiger, ungereimter Jambus)
- **Kernkonflikt:** Neigung Iphigenies, mit ihrem Bruder Orest von der Insel Tauris zu fliehen, im Widerspruch zu ihrem Pflichtgefühl gegenüber der Göttin Diana und König Thoas
- **Vorgeschichte nach dem antiken Mythos:** Orest auf dem Weg nach Tauris; Ziel: Befolgen eines Orakelspruchs und Heimholen „der Schwester", um Heilung zu finden (Wahnsinn als Strafe für die Ermordung der eigenen Mutter); Iphigenie: Orests Schwester und auf der Insel Tauris lebende Priesterin der Göttin Diana
- **zentrale Handlung:**
  - Absicht des taurischen Königs Thoas, Iphigenie zur Frau zu nehmen, aber Sehnsucht Iphigenies nach ihrer griechischen Heimat
  - mögliche Wiedereinführung des Menschenopfers durch König Thoas und drohende Hinrichtung Orests, der bei seiner Ankunft auf Tauris gefangen genommen wurde
  - Iphigenie: Ausschlagen eines Fluchtplans und Offenheit gegenüber Thoas → Geständnis der geplanten Flucht und Bitte, mit ihrem Bruder Orest heimkehren zu dürfen
  - König Thoas: entlässt die Griechen in ihre Heimat

Menschenbild

- Verstrickung des Menschen in einen **Schuldzusammenhang**; Kreislauf von Betrug und Gewalt (**Artridenfluch:** Nachfahren von Tantalos werden zu Mördern von Angehörigen der eigenen Sippe)

- keine Determination, sondern Möglichkeit des Menschen, sich zu befreien durch ...
  - **Vernunft:** den ersten Impulsen nicht nachgeben, sondern Suche nach einer Lösung durch Nachdenken (Iphigenie erkennt negative Folgen des Fluchtplans und die Bedeutung eines werteorientierten Handelns)
  - Handeln nach dem Gebot der **Humanität:** Verpflichtung zu **Wahrheit** (Offenlegung der eigenen Herkunft aus dem Geschlecht der Tantaliden, Geständnis der geplanten List gegenüber König Thoas) und **Mitmenschlichkeit** (Widerspruch zur geplanten Wiedereinführung des Menschenopfers, Ablehnung von Gewalt)
- Einzelner als **autonom handelndes Individuum**, das seine Lage überblickt und eine Entscheidung treffen kann
- Betonung eines **gemeinsamen menschlichen Sittengesetzes**, dem alle Menschen gleichermaßen unterstehen; Verbreitung des Humanitätsideals durch vorbildliches ethisches Handeln → Iphigenie gewinnt durch ihre Ehrlichkeit edle Menschen (Thoas) für sich.

Maria Stuart: Der Mensch ist (innerlich) frei.

Basisinformationen zum Werk
- von Friedrich Schiller verfasstes **Drama**, das **1800 uraufgeführt** wurde
- Trauerspiel in fünf Aufzügen (Akten); Versmaß: Blankvers (fünfhebiger, ungereimter Jambus)
- **Kernkonflikt Marias:** Neigung, ihre Ansprüche als Königin gegenüber Elisabeth geltend zu machen, im Widerstreit mit ihrer moralischen Pflicht zum Verzicht
- **Vorgeschichte:** Flucht der schottischen Königin Maria Stuart nach England, Grund: Vertreibung infolge ihrer Beteiligung am Mord des Ehemanns; Gefangennahme Maria Stuarts → Königin Elisabeth von England fürchtet eine Konkurrenz um den englischen Thron (Elisabeth als uneheliche Tochter von König Heinrich VIII.) → Todesurteil gegen Maria
- **zentrale Handlung:**
  - Bitte der auf Schloss Fotheringhay gefangenen Maria um ein Gespräch mit Elisabeth, Ziel: Begnadigung
  - Zusammentreffen der Königinnen bei einem Spaziergang im Schlosspark und Eskalation des Gesprächs (Elisabeth wird als Bastardkönigin beleidigt)
  - Bestätigung des Todesurteils durch Elisabeth und Vollstreckung an Maria, die gefasst und ohne Groll gegen ihre Kontrahentin der Hinrichtung entgegengeht

Menschenbild
- Mensch als Wesen, in dem die **(vermeintlichen) Gegensätze Geist** und **Natur**, **Vernunft** und **Affekt/Sinnlichkeit**, **Pflicht** und **Neigung** zusammenkommen
- Auszeichnung des Menschen durch seine **Fähigkeit, sittlich zu handeln** → dadurch Erlangen von (innerer) **Freiheit** möglich; Maria physisch gefangen, aber am Ende innerlich frei
- Nach Schillers Konzept mehrere Möglichkeiten, zu sittlichem Denken und Handeln zu gelangen:
  - Hören auf den **moralischen Instinkt**; am stärksten ausgeprägt bei einer **„schönen Seele"** → Affekt übernimmt die Leitung des Willens und befindet sich im Einklang mit dem Geist
  - Unterwerfung der Affekte unter den **Willen** → Kennzeichen von **„Erhabenheit"** = Haltung, in der der freie Mensch sich über die beschränkenden Bedingungen, denen er ausgesetzt ist, erhoben hat (vgl. Winckelmann: „stille Größe")
- Marias Stuart als Musterbeispiel für das Erreichen von Freiheit durch Sittlichkeit
  - Marias **Verwandlung zur „schönen Seele"** (Affekt: Begrüßen des Todes; Geist: Wissen um ihre Schuld und um die Unausweichlichkeit ihres Todes)

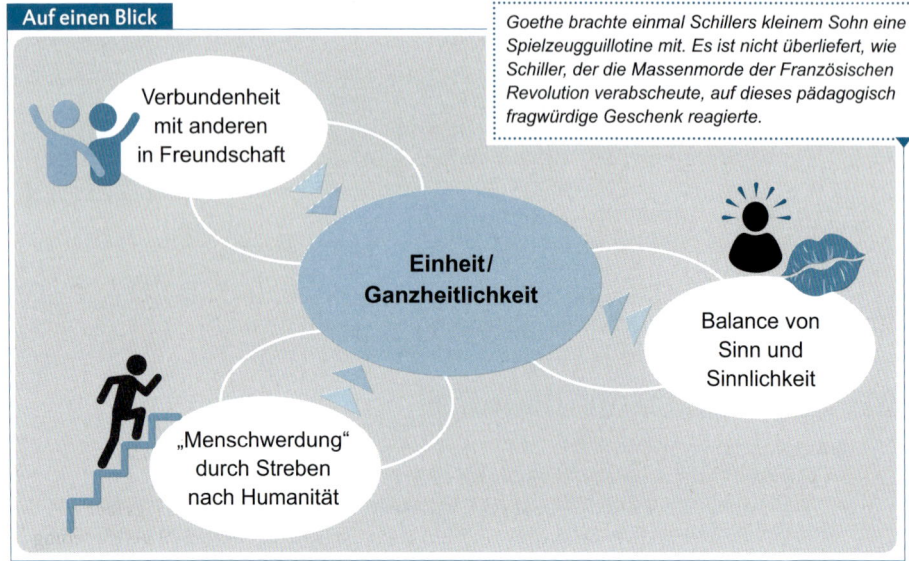

Auf einen Blick

Verbundenheit mit anderen in Freundschaft

Einheit/ Ganzheitlichkeit

Balance von Sinn und Sinnlichkeit

„Menschwerdung" durch Streben nach Humanität

Goethe brachte einmal Schillers kleinem Sohn eine Spielzeugguillotine mit. Es ist nicht überliefert, wie Schiller, der die Massenmorde der Französischen Revolution verabscheute, auf dieses pädagogisch fragwürdige Geschenk reagierte.

Odendichtung: Das Göttliche im Menschen

Literarische Bezugspunkte

- Johann Wolfgang von Goethe: **„Grenzen der Menschheit"** (Ode um 1780)
  - Maßhalten zwischen Selbstbehauptung (Aufwärtsstreben in himmlische Sphären) und Selbsthingabe (Fixierung auf das Irdische)
  - Idee einer „stillen Größe" des menschlichen Daseins: einerseits Begrenzung des Menschen (in seinen Handlungsmöglichkeiten und in zeitlicher Hinsicht), andererseits Erhabenheit der menschlichen Existenz durch Einbettung in einen größeren Zusammenhang (V. 42: „[u]nendliche Kette" der Ahnen)
- Johann Wolfgang von Goethe: **„Das Göttliche"** (Ode um 1783)
  - nicht Gott steht im Zentrum des Gedichts (obwohl die Überschrift etwas Anderes vermuten lässt), sondern der Mensch
  - Auszeichnung des Menschen durch seine **Fähigkeit und Pflicht, sittlich zu handeln** („Edel sei der Mensch, / Hülfreich und gut!", V. 1 f.)

Menschenbild

- Idealvorstellung in der Klassik: **selbstbestimmter Mensch**, der freie Entscheidungen trifft und sein Handeln an Werten orientiert → **keine Ausrichtung auf Gott /das Göttliche**, sondern auf den Menschen selbst (vgl. Humanitätsideal Herders: Zugehörigkeit zum Menschengeschlecht muss sich im Denken und Handeln zeigen)
- das **Göttliche im Menschen:** Fähigkeit, zwischen Gut und Böse zu unterscheiden und sittlich zu handeln (Moralität als entscheidendes Merkmal in Abgrenzung zum Tier)
- Aufscheinen größerer Zusammenhänge im Kleinen; Existenz des Individuums aufgehoben in einer **allumfassenden Ordnung**

- Rückbezug auf **antike Mythologie**, um Ideale wie Wahrhaftigkeit, Mitmenschlichkeit oder freundschaftliche Treue literarisch abzubilden

Römische Elegien: Verbindung von Sinn und Sinnlichkeit

Allgemeines

- Johann Wolfgang von Goethe: 24 zu einem Zyklus gefügte Gedichte, in denen eine **sinnlich-glückliche Liebe auf klassischem Boden** inszeniert wird; Entstehung in Weimar **zwischen 1788 und 1790**
- Bau der klassischen Elegie: **Hexameter und Pentameter** (= Reihe von Distichen)
- Hintergrund: zeitgeschichtliche Ereignisse: **Französische Revolution** → politisch zerrissene Welt; persönliche Erlebnisse: **Beziehung mit Christiane Vulpius** → eigenes Liebesglück in poetische Form gebracht, mit antiken mythologischen Bildern verbunden; Italienische Reise

Menschenbild

- implizite Grundannahme: Entfremdung des Menschen von sich selbst; Zerrissenheit
- Ziel: Rückkehr zu einem Zustand, in dem sich der **Mensch als ganzheitliches Wesen** erfährt
- Vervollkommnung des Menschen, wenn er sich als **Einheit** wahrnimmt; in den *Römischen Elegien* dargestellt durch …
  - Verschränkung von **Vergangenheit und Gegenwart** → vgl. V. Elegie: Amor tagsüber in antiken Werken vorgefunden, nachts im Dienst der Liebe präsent; Geliebte als Verkörperung der gegenwärtigen Antike: Studium ihres Körpers verhilft zu Verständnis für antike Skulptur
  - ganzheitliches Erleben des lyrischen Ichs: Erkennen mit allen Sinnen **Zusammenführung von Sehen, Fühlen, Denken, Lieben, Dichten** → vgl. V. Elegie: Hand als Organ des Verstehens (durchblättert Werke der antiken Dichter), des Fühlens (gleitet über Hüfte der Geliebten) und des Dichtens (skandiert Versmaß)
  - Zusammenwirken von **Sinn und Sinnlichkeit** als Voraussetzung für umfassendes Erkennen → vgl. I. Elegie: dem lyrischen Ich fehlt noch der Zugang zu Rom, Steine schweigen noch, erst Liebe erschließt Rom

Balladendichtung: Zusammenleben in Freundschaft

Literarische Bezugspunkt

- Friedrich Schiller: **„Die Bürgschaft"**, im Jahr 1798 verfasste Ballade
- **Inhalt:** Verurteilung eines Attentäters **(versuchter Tyrannenmord)** zum Tode; dreitägige Ausreise des Täters möglich, da sein **Freund** vor Ort bleibt und **mit seinem Leben für ihn bürgt**; Einhalten der Freundschaftspflicht und **Rückkehr des Schuldners** nach drei Tagen (trotz mehrerer Hindernisse auf der Rückreise); Verzicht des Tyrannen auf Vollstreckung des Todesurteils und **Bitte um Aufnahme in den Freundschaftsbund**

Menschenbild

- menschliche **Willenskraft** schier grenzenlos (Schuldner überwindet zahlreiche Hindernisse); Wille (Rettung des Freundes) triumphiert über Affekte (Selberhaltungstrieb)
- **Freundschaft als Wert**, der über eigene Interessen gestellt wird, und als **Pflicht zur Treue**
- **humanisierende Wirkung** freundschaftlicher Beziehungen: Rührung der Volksmenge am Kreuz und innere Wandlung des Tyrannen → Freiheit, Gleichheit und Brüderlichkeit durch **Orientierung an Idealen**, nicht durch Gewalt
- historischer Bezug: enge **Freundschaft zwischen Schiller und Goethe**

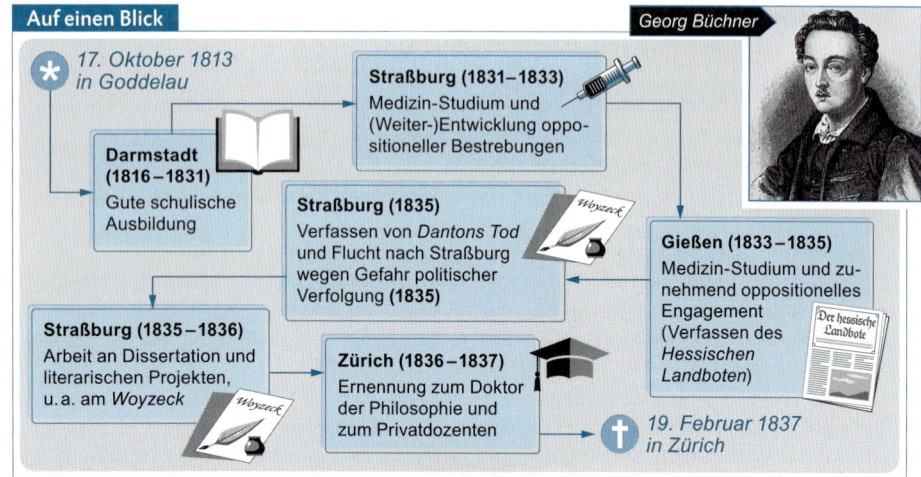

Auf einen Blick

Georg Büchner

17. Oktober 1813 in Goddelau

Straßburg (1831–1833)
Medizin-Studium und (Weiter-)Entwicklung oppositioneller Bestrebungen

Darmstadt (1816–1831)
Gute schulische Ausbildung

Straßburg (1835)
Verfassen von *Dantons Tod* und Flucht nach Straßburg wegen Gefahr politischer Verfolgung **(1835)**

Gießen (1833–1835)
Medizin-Studium und zunehmend oppositionelles Engagement (Verfassen des *Hessischen Landboten*)

Straßburg (1835–1836)
Arbeit an Dissertation und literarischen Projekten, u. a. am *Woyzeck*

Zürich (1836–1837)
Ernennung zum Doktor der Philosophie und zum Privatdozenten

19. Februar 1837 in Zürich

Kindheit und Jugend in Darmstadt (1813–1831)

- Geburt am **17. Oktober 1813** in Goddelau bei **Darmstadt** (Hessen) als erstes von sechs Kindern
- **Vater** Ernst Karl Büchner: **Arzt** (Chirurg); **Mutter** Louise Caroline Büchner
- 1816: Umsiedelung nach **Darmstadt** wegen neuer Stelle des Vaters
- Bildung des Kindes durch frühen **Privatunterricht** der Mutter → Lesen, Schreiben, Rechnen
- 1821–1825: Besuch der gut ausgestatteten „Privat-Erziehungs- und Unterrichts-Anstalt" → **umfassender Unterricht** – u. a. verschiedene Fremdsprachen und naturkundliche Fächer
- ab 1825: Besuch des angesehenen „Pädagogiums" (Ludwig-Georgs-Gymnasium) in Darmstadt → **breit gefächerte Ausbildung**, u. a. auch in Rhetorik und Alten Sprachen
- Beförderung des **Geschichtsinteresses** u. a. durch den Vater, der aus der Zeitschrift *Unsere Zeit* vorlas, in der die Ereignisse während der Napoleonischen Kriege geschildert werden
- Lesekreis mit Mitschülern (u. a. mit Karl Minnigerode): Begeisterung für Shakespeare
- auch ansonsten **Interesse für Werke der großen Autoren** (Homer, Sophokles, Goethe etc.)
- zweimaliges Halten einer Rede bei Semesterabschlussfeiern – u. a. Begeisterung für den freiheitsliebenden Cato, der sich selbst tötete, um sich nicht Cäsar unterordnen zu müssen
- gegen Ende der Schulzeit zunehmend **Sympathie für radikale Positionen**, wie sie in der **Französischen Revolution** vertreten wurden
- 1831: **Schulabschluss** (gutes Zeugnis z. B. in Deutsch und Latein, schlechtes Zeugnis in Mathe)

Studium in Straßburg (1831–1833)

- 1831: Beginn des **Studiums an der Medizinischen Fakultät** der **Universität Straßburg**
- Beginn der Liebe zu **Wilhelmine Jaeglé**, bei deren Vater Johann Jakob (Pfarrer) Büchner wohnt
- Lektüre sozialrevolutionärer Schriften – Entwicklung republikanisch-freiheitlicher Vorstellungen
- Dauergast bei Studentenverbindung „Eugenia": neben theologischen und studentischen auch politische Themen → Büchner mit **engagierten, obrigkeitskritischen Überzeugungen**
- Ende 1832: Verschlechterung der Stimmung bei Büchner wegen beengter Atmosphäre in Straßburg (im Vergleich zu Darmstadt)

- 1833: heimliche **Verlobung mit Wilhelmine Jaeglé**
- April 1833: Brief der Eltern über die Beteiligung einiger „Pädagogiums"-Schüler am umstürzlerischen **Frankfurter Wachensturm** → Büchners Versicherung, an solchen Aktionen nicht teilzunehmen – aber keine strikte Verurteilung von **Gewalt** als Mittel gesellschaftlicher Veränderung
- Sommer 1833: **Weggang aus Straßburg** → zunächst Aufenthalt in Darmstadt, wo einige seiner ehemaligen Mitschüler wegen des Verdachts, an politischen Unruhen beteiligt gewesen zu sein, verhaftet worden sind → u. a. Falschaussage Büchners, um einen von ihnen zu entlasten

Studium in Gießen (1833–1835)

- 1833: Fortsetzung des **Studiums an der Medizinischen Fakultät** der **Universität Gießen**
- 1834: Bekanntschaft mit dem Schulrektor und **Oppositionellen Dr. Friedrich L. Weidig**
- Lektüre von **Werken** über die **Französische Revolution** → sogenannter „Fatalismus"-Brief an Wilhelmine, in dem Büchner einen „gräßlichen Fatalismus der Geschichte" feststellt
- Gründung der geheimen **oppositionellen „Gesellschaft der Menschenrechte"** in Gießen
- Juli 1834: Druck der von Büchner verfassten und von Weidig entschärften Flugschrift *Der Hessische Landbote* → heftige **Anklage der Obrigkeit** wegen der **gesellschaftlichen Ungerechtigkeiten** → Parole: „Friede den Hütten! Krieg den Palästen!"
- Verhaftung Minnigerodes (Freund Büchners) wegen des Besitzes von 150 Kopien der Flugschrift
- **Durchsuchung der Wohnung und Vernehmung Büchners**
- Winter 1834/35: Aufenthalt in Darmstadt bei den Eltern → **Vorarbeiten** zu *Dantons Tod* (Buchrecherchen zur Französischen Revolution) → Januar/Februar 1835: **Niederschrift von** *Dantons Tod* unter dem Druck, das Werk schnell abzuschließen (wegen drohender Polizeiermittlung)
- März 1835: **Flucht nach Straßburg**, nachdem Büchner nicht persönlich bei einer gerichtlichen Vorladung erschienen war und fürchten musste, steckbrieflich gesucht zu werden
- vorzensierter **Vorabdruck** von *Dantons Tod* in der Zeitschrift *Phönix*

Straßburg und Zürich (1835–1837)

- viele Verhaftungen von Freunden und Verbündeten (u. a. Friedrich Weidig)
- Übersetzungen von Dramen Victor Hugos für den Verleger Sauerländer
- **Veröffentlichung** der **Buchausgabe von** *Dantons Tod* im Juli 1835
- Arbeit an der Erzählung *Lenz*
- Herbst/Winter 1835/36: Intensivierung der **Doktorarbeit** (nervliche Verbindungen bei Fischen)
- zweite Hälfte des Jahres 1836: **Arbeit an den Dramen** *Woyzeck* und *Leonce und Lena*
- Promotion zum **Doktor der Philosophie** an der Universität Zürich, Umzug nach Zürich, Ernennung zum Privatdozenten – Beginn universitärer Lehre
- **Tod nach schwerer Erkrankung an Typhus am 19. Februar 1837**
- Drama *Woyzeck* erst 1879 veröffentlicht und 1913 im Residenztheater München uraufgeführt

Werkauswahl

- Drama *Dantons Tod* (verf. 1835): Darstellung des von konträren Weltbildern geprägten Konflikts über die Fortführung der Französischen Revolution am Schicksal des Politikers Danton
- Novelle/Erzählung *Lenz* (verf. 1835): Schilderung der zunehmenden geistigen Verwirrtheit des Schriftstellers Jakob Michael Reinhold Lenz
- Lustspiel *Leonce und Lena* (verf. 1836): verwickelte Liebesgeschichte zweier Königskinder als satirische Karikatur zeitgenössischer Kleinstaaten und humorvolle Distanzierung von der Romantik

Auf einen Blick

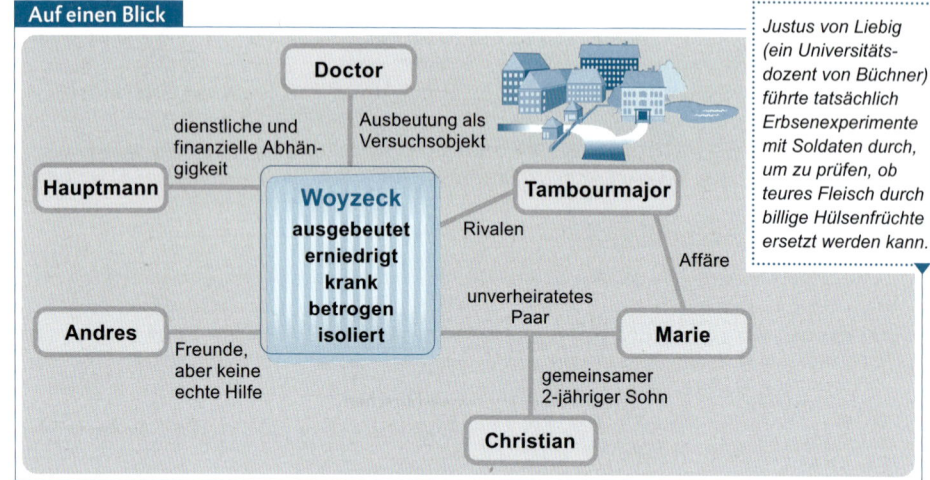

Justus von Liebig
(ein Universitäts-
dozent von Büchner)
führte tatsächlich
Erbsenexperimente
mit Soldaten durch,
um zu prüfen, ob
teures Fleisch durch
billige Hülsenfrüchte
ersetzt werden kann.

Woyzeck, Dramenfragment mit 27 Szenen

- **1. Szene, Freies Feld. Die Stadt in der Ferne:** einfache Soldaten Woyzeck und Andres beim Schneiden von Stöcken → Woyzecks **Wahnvorstellung**, dass sie sich an einer Hinrichtungs-stätte der Freimaurer befänden und der Boden unter ihnen hohl sei; Wahrnehmung von Stimmen und Zeichen am Himmel
- **2. Szene, In der Stadt:** Tambourmajor mit Militärkapelle an Maries offenem Fenster vorbei: Marie mit ihrem kleinen Jungen auf dem Arm; Streit mit der Nachbarin Margareth wegen eines Flirts mit dem attraktiven Tambourmajor; Besuch von Woyzeck an Maries Fenster: Schilderung seiner Wahnvorstellungen, zunehmende Sorge Maries um Woyzeck
- **3. Szene, Buden. Lichter. Stadt:** Woyzeck und Marie auf dem Jahrmarkt; Vortrag des Aus-rufers über Tiere mit magischen Fähigkeiten und über die fließende **Grenze zwischen Mensch und Tier** → Marie im Blickfeld des Tambourmajors, gelangt mithilfe des Unteroffizier zu Tambourmajor in die erste Reihe in der Jahrmarktsbude
- **4. Szene, Maries Kammer:** Selbstbetrachten Maries im Spiegel mit den neuen Ohrringen vom Tambourmajor → Beklagen der Ungleichheit der Menschen, Feststellen ihrer eigenen Schön-heit; Eintreten Woyzecks, in dem beim Anblick der Ohrringe ein **Verdacht** aufkommt; Über-reichen seines Wochenlohns, Anflug von schlechtem Gewissen bei Marie
- **5. Szene, Zimmer:** Rasieren des Hauptmanns als Woyzecks Nebenverdienst: Woyzeck vom Hauptmann zur Langsamkeit ermahnt; Woyzeck sei laut Hauptmann ein guter Mensch, ihm fehle aber Moral, was sein uneheliches Kind beweise → Woyzecks Rechtfertigung mit der Liebe Gottes für alle Menschen und mit der Unmöglichkeit, als armer Mensch **moralisch** und tugend-haft leben zu können
- **6. Szene, Gasse:** intensiver Flirt und Körperkontakt zwischen Tambourmajor und Marie
- **7. Szene, Gasse:** Konfrontation zwischen Marie und Woyzeck, der die Begegnung zwischen ihr und Tambourmajor beobachtet hat → Maries abwehrende und gleichgültige Reaktion
- **8. Szene, Labor des Doctors:** Ärger des Doctors, dass Woyzeck „an die Wand gepisst" hat, obwohl er im Rahmen einer bezahlten Erbsendiät Urinproben abgeben muss

Auf einen Blick

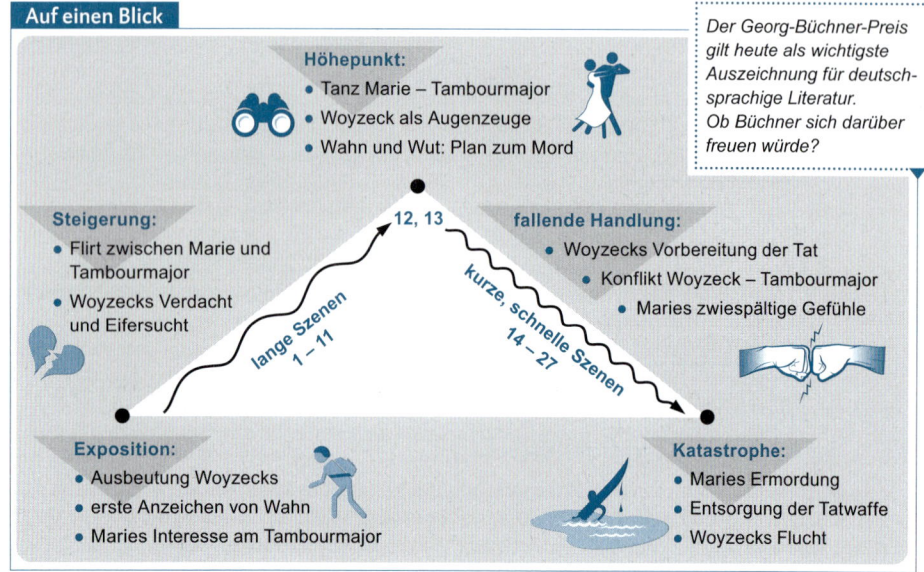

Höhepunkt:
- Tanz Marie – Tambourmajor
- Woyzeck als Augenzeuge
- Wahn und Wut: Plan zum Mord

Der Georg-Büchner-Preis gilt heute als wichtigste Auszeichnung für deutschsprachige Literatur. Ob Büchner sich darüber freuen würde?

Steigerung:
- Flirt zwischen Marie und Tambourmajor
- Woyzecks Verdacht und Eifersucht

fallende Handlung:
- Woyzecks Vorbereitung der Tat
- Konflikt Woyzeck – Tambourmajor
- Maries zwiespältige Gefühle

12, 13

lange Szenen 1 – 11

kurze, schnelle Szenen 14 – 27

Exposition:
- Ausbeutung Woyzecks
- erste Anzeichen von Wahn
- Maries Interesse am Tambourmajor

Katastrophe:
- Maries Ermordung
- Entsorgung der Tatwaffe
- Woyzecks Flucht

Aufbau und Form

- Dramenfragment *Woyzeck* als von Büchner nicht vollendetes Werk: **Szenenfolge nachträglich arrangiert** (anhand verschiedener Handschriften)
- keine Gliederung in Akte
- **Kürze** der Szenen = komprimierte, skizzenhafte Momentaufnahmen → **Aneinanderreihung** von Bildern
- Szenen werden ab 12. Szene kürzer, als Woyzeck Marie beim Tanzen sieht und Mordplan fasst → Handlung nimmt an **Geschwindigkeit** zu, unvermeidbares Zulaufen auf die Katastrophe
- **Zeitstruktur:** Handlung dauert ca. **48 Stunden** → äußerst gedrängte Zeitstruktur – auch aufgrund der **Simultaneität** einiger Szenen
- trotz Fragmenthaftigkeit (die in Büchners frühem Tod begründet liegt): gewisse Nähe zur Struktur aus **Exposition, Steigerung, Höhepunkt, fallender Handlung** und **Katastrophe** rekonstruierbar (siehe Schaubild)
- **Raumstruktur:** Stadt in Hessen (Dialekt!); Räume als wichtige **Bedeutungsträger:**
  - **Räume der Enge: Maries Kammer** → bedrückende Existenz, nur Kurzbesuche durch Woyzeck; Fenster als willkommene Verbindung zur Außenwelt; **Woyzecks Kaserne** → Halluzinationen, Schlaflosigkeit, Unruhe: notwendige Flucht nach draußen
  - **Räume der Öffentlichkeit:** Jahrmarkt, Gasse, Wirtshaus, freies Feld → für Marie Orte der **Freiheit** und des Vergnügens, aber auch ihres Todes → für Woyzeck Orte der **Demütigung** und **Verlorenheit**
  - → Spiegelung der jeweiligen Befindlichkeit der Figur durch Räume (trotz beinahe vollständigem **Fehlen von Regieanweisungen** zum Aussehen der Schauplätze)

Sprache und Stil

umgangs/einfache Sprache

- Zweiteilung des sprachlichen Codes in *Woyzeck* → **schichtenspezifische Sprache**
- Sprache der **Funktionsträger der gesellschaftlichen Ordnung** (Hauptmann, Doctor):
  - Benennung durch Beruf bzw. Rang: keine echten Figuren, eher **Typen**
  - Sprache als Mittel zur **Ausübung von Herrschaft** und zur Zementierung des Status quo: Lenken des Gesprächs, Erteilen von Befehlen (direktive Sprechakte), **Selbstdarstellung** (Melancholie des Hauptmanns, wissenschaftlicher Ruhm des Doctors)
  - **Hauptmann:** Hochwertbegriffe (z. B. „moralisch") als Worthülsen für eine konfuse Argumentation, die **Gutmütigkeit** vortäuscht, aber Herablassungen und **Schadenfreude** enthält
  - **Doctor:** medizinisch-philosophische Fachbegriffe (im Dienste des vermeintlichen Erkenntnisgewinns) als rhetorischer Deckmantel für **zynische Menschenverachtung** und Degradierung des Menschen zum Versuchs- und Anschauungsobjekt
  - **Vortragscharakter** ihrer Äußerungen → Ungleichgewicht der Sprechanteile
  - → keine kommunikative Hinwendung zu Mitmenschen (nur Er-Anrede an Woyzeck!), **keine Anteilnahme**, Festhalten am **Jargon**
- **Sprache der armen, einfachen Leute** als Opfer der gesellschaftlichen Verhältnisse:
  - Benennung durch echte Namen: Woyzeck, Marie, Andres etc. → Individuen, **Charaktere**
  - Sprache als **Ausdruck ihrer Notlage:** knapp, direkt, umgangssprachlich
  - Ellipsen, Satzabbrüche, Interjektionen → **Authentizität, Ehrlichkeit** der Figuren, Ausdruck ihrer **Unbeholfenheit** und Not
  - **Dialoge:** aneinander vorbeireden statt aufeinander eingehen → **sprachliche Isolation**
  - **Woyzeck: biblisch-apokalyptische Wendungen** als Hilfe, um seine psychotischen Erfahrungen mitteilbar zu machen; oftmals grüblerisch-doppeldeutige Sprache → dennoch Fähigkeit zur klaren Formulierung (z. B. zum Verhältnis von Geld und Moral)
  - **Marie: dinghaft-konkrete Sprache** als Mittel, ihre Lage zu beschreiben („ich bin nur ein arm Weibsbild."), ihr Begehren auszudrücken („Rühr mich an!") oder Unangenehmes zu leugnen („Und wenn auch.") → Ausdruck ihrer Sehnsucht nach besserem Leben
  - **Bibelstellen, Volkslieder, Märchen:** da Ausdrucksvermögen der Figuren ungenügend, Rückgriff auf vorgeformte sprachliche Versatzstücke (die als Trost und als Sinnangebote gedacht sind) → in *Woyzeck* Betonung des pessimistischen Weltbildes (z. B. Anti-Märchen der Großmutter) oder Vorausdeutungen auf tragische Ereignisse (z. B. Märchen-Zitate des Narren)
- weitere Figuren:
  - aufdringliche Sprache des **Ausrufers** (auf Sensationsbedürfnis des Publikums gerichtet)
  - derb-anzügliche Sprache des **Tambourmajors** (zur Protzerei und Triebbefriedigung)

Gattungsbestimmung und Epochenzugehörigkeit

- **Tragödie/bürgerliches Trauerspiel:** zwingendes Zulaufen auf die Schlusskatastrophe, ABER: Verstoß gegen alle Standeskriterien, da sog. vierter Stand („Proletariat") im Personal des Dramas
- *Woyzeck* als erstes **„soziales Drama":** Konflikt bedingt durch soziale Umstände (Armut, Ausbeutung, Unterdrückung), Untergang eines chancenlosen „underdog"
- **Vormärz:** Abwenden vom Idealismus der Klassik und Romantik, Hinwenden zur Realität und zur sozialen Ungerechtigkeit (im Naturalismus *Woyzeck* als Vorläufer interpretiert: soziales Elend, Determination; im Expressionismus sensibler und wahnsinniger Woyzeck als Schlüsselfigur)
- **Wegbereiter der Moderne:** Büchners psychologisches Interesse für Elend und Entfremdung, für Krisen der Identität; Innovativität der Sprache und der Dramenkonzeption von *Woyzeck*

Auf einen Blick

Historisch-biografisch
- Debatte um Zurechnungsfähigkeit des historischen Woyzeck
- Büchners Erfahrungen mit Unterdrückung

Philosophisch
- Kritik an lebensferner Moral und am Idealismus
- Determinismus und Materialismus

Eine Kulturzeitschrift bezeichnete Georg Büchner 2013 – in Abgrenzung vom Dichterfürsten Goethe – als „Dichter-Punk".

keine Allgemeingültigkeit nur eines Deutungsansatzes, sondern immer Zusammenspiel mehrerer Lesarten

Psychologisch
- Erniedrigung, Ausbeutung, Überlastung, Isolation
- Woyzecks Krankheit als Folge: Psychose

Soziologisch
- kein gesellschaftlicher Zusammenhalt
- keine Hilfe der Starken für die Schwachen
- soziale Ungerechtigkeit und ihre Folgen

Historisch-biografische Lesart

- **historischer Johann Christian Woyzeck** (gelernter Perückenmacher, dann Soldat und Gelegenheitsarbeiter ohne festen Wohnsitz): Ermordung seiner Geliebten Johanna Christiane Woost 1821, Enthauptung auf Leipziger Marktplatz 1824 → Diskussion über die **Zurechnungsfähigkeit von Mördern**
- Büchners Lektüre der strittigen psychiatrischen Gutachten von Dr. Clarus über Woyzeck → Drama *Woyzeck* als sein Beitrag zur zeitgenössischen Debatte
- Büchners Interesse für politische Verhältnisse und Engagement für gerechtere Gesellschaft: „Friede den Hütten, Krieg den Palästen!" *(Hessischer Landbote)* → historischer Woyzeck als „willkommenes" Beispiel für die Folgen der **Verarmung ganzer Bevölkerungsschichten** im frühen 19. Jahrhundert (sog. vorindustrieller Pauperismus)
- Büchners Erfahrungen in der Restaurationszeit als politisch Unterdrückter und Verfolgter: **fehlende Solidarität** der Höherstehenden mit den Schwächeren der Gesellschaft → keine Veränderungen oder gar Revolutionen möglich

Psychologische Lesart

- **Woyzecks Entwicklung** vom einfachen Soldaten und unverheirateten Familienvater zum Wahnsinnigen und Mörder
- keine Hochzeit mit Marie möglich, da er als Soldat das vorgeschriebene Vermögen nicht aufbringen kann → Beziehung zu Marie gesellschaftlich **geächtet**
- wegen finanzieller Verantwortung (für Marie und ihr gemeinsames Kind) **Nebentätigkeiten** notwendig: Rasieren des Hauptmanns, Versuchsobjekt bei Doctor, Assistent bei Professor → trotz **Hetze** und **Überbelastung**: keine Befreiung aus seiner kümmerlichen Lage
- krank durch **Ernährungsexperiment** des Doctors: physische (erhöhter Puls, Zittern, Schwindelanfälle, Kopfschmerzen, Haarausfall) und psychische Symptome (Hören von Stimmen, Weltuntergangsvisionen, Verfolgungswahn) → **schwere Psychose**
- **Beleidigungen** und **Erniedrigungen** durch Hauptmann: Vorwürfe wegen unehelichem Kind, spöttische Anspielungen auf Affäre zwischen Marie und Tambourmajor

- Tambourmajor als körperlich überlegener **Rivale:** Ausspannen der Geliebten, Hohn und **Gewalt**
- durch **Maries Betrug** Verlust seines wichtigsten Halts im Leben → **Leidensdruck** wird zu groß: endgültiges Abgleiten in den Wahn, Planen und Ausführen des Mordes
- Auslöser der Mordtat: Eifersucht und Betrug → tiefere Ursachen: **entwürdigende Lebensbedingungen** eines geschundenen, deformierten und isolierten Menschen

Philosophische Lesart

- Kritik an Theorie der **Evolution** und des Fortschritts der Zivilisation (Teleologie): Betonung der Nähe zwischen menschlichem und tierischem Verhalten („vernünftige Viehigkeit" – „viehische Vernunft") → **Blasiertheit** der Menschen bei offenkundig animalischem Verhalten
- Frage nach der Umsetzbarkeit von **Moral:** uneingeschränkte Gültigkeit für jeden Menschen (laut Hauptmann) oder Frage von Vermögen und Stellung (laut Woyzeck) → schichtenspezifische Gebundenheit von Werten
- **Determinismus:** Abhängigkeit menschlicher Handlungen von jeweiligen **Lebensumständen** → keine Möglichkeit für den Einzelnen (v. a. den Niedriggestellten), Lauf der Dinge oder eigenes Leben bewusst zu steuern oder sogar zu verbessern
- Kritik am **Idealismus:** Idee der Selbstbestimmung des Menschen → Wille und Vernunft sollen Gefühle, Bedürfnisse, Triebe beherrschen (mit überlieferter Moral als Leitfaden)
- Gefühl der moralisch-intellektuellen Überlegenheit der Idealisten (Hauptmann, Doctor): keine Akzeptanz anderer Einflüsse (Individualität, Sozialisation, Bildung, Besitz usw.) → Arroganz, Ignoranz und **Unmenschlichkeit**
- Betonung des **Materialismus:** nicht Denken und Handeln gestalten die Lebensbedingungen, sondern die Lebensbedingungen prägen das Denken und Handeln → gesellschaftliche Umstände und Besitzverhältnisse formen den Menschen

Soziologische Lesart

- Starke helfen Schwachen nicht, Starke verachten sich gegenseitig (Hauptmann vs. Doctor), Starke schließen im Zweifel Bündnis gegen Schwache, Schwache betrügen und ermorden sich gegenseitig → **Fehlen des gesellschaftlichen Zusammenhalts**
- kein Schutz durch Hauptmann (Woyzecks Vorgesetzter!): kein Gefühl von Verantwortung für seinen Untergebenen → stattdessen **Abgrenzung nach unten** zum Erhalt der eigenen Position
- Fortführen der Experimente trotz Woyzecks offensichtlicher Krankheit → **Missachten des hippokratischen Eides**, Degradierung des Menschen zum Versuchsobjekt
- Selbstcharakterisierung Woyzecks („Wir arme Leut"/„ich bin ein armer Kerl"): **Bewusstsein des eigenen sozialen Ortes** als bedrückende Erfahrung → aber keine Wut auf den verantwortlichen „Unterdrückungsapparat", sondern auf seine Freundin Marie
- soziale Unterschiede als reine **Äußerlichkeiten** (vgl. 3. Szene: Tiere als Menschen verkleidet): Ungerechtigkeit der gesellschaftlichen Realität, willkürliche Verteilung von Privilegien und Besitz
- dysfunktionale Kommunikation und Sprachlosigkeit: gleichzeitig Symptome und Konsequenzen der **sozialen Spaltung**
- Armut mit all ihren Folgen als „Gift" für zwischenmenschliche Beziehungen und Gesellschaft
- Büchner: „Ich verachte Niemanden, am wenigsten wegen seines Verstandes oder seiner Bildung, weil es in Niemandes Gewalt liegt, kein Dummkopf oder kein Verbrecher zu werden, – weil wir durch gleiche Umstände wohl Alle gleich würden, und weil die Umstände außer uns liegen."

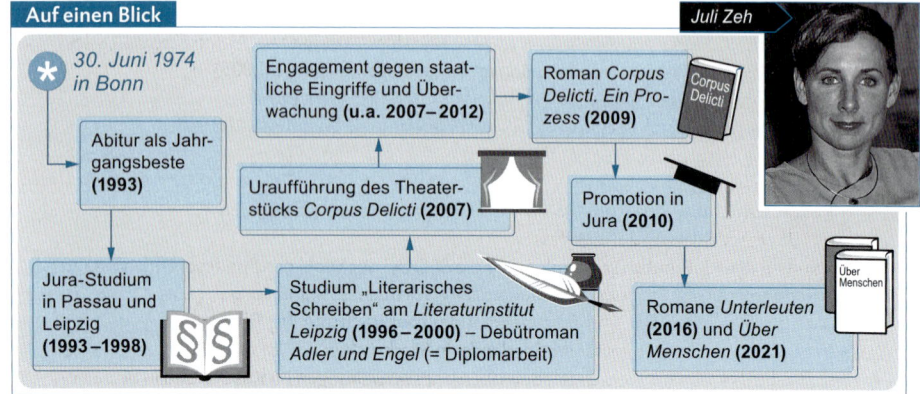

Auf einen Blick — Juli Zeh

- **30. Juni 1974 in Bonn** → Abitur als Jahrgangsbeste **(1993)** → Jura-Studium in Passau und Leipzig **(1993–1998)** → Studium „Literarisches Schreiben" am *Literaturinstitut Leipzig* **(1996–2000)** – Debütroman *Adler und Engel* (= Diplomarbeit)
- Engagement gegen staatliche Eingriffe und Überwachung **(u.a. 2007–2012)** → Uraufführung des Theaterstücks *Corpus Delicti* **(2007)** → Roman *Corpus Delicti. Ein Prozess* **(2009)** → Promotion in Jura **(2010)** → Romane *Unterleuten* **(2016)** und *Über Menschen* **(2021)**

Kindheit und Jugend (1974–1993)

- geboren am 30. Juni 1974 in Bonn
- Vater: Verwaltungswissenschaftler (von 2002 bis 2006 Direktor beim Deutschen Bundestag), Mutter: Übersetzerin → **bildungsbürgerlicher Hintergrund**
- Geburt ihres Bruders → Entwicklung einer „ganz extreme[n] Verantwortungsbeziehung" (J. Zeh)
- ab 1984 Besuch der *Otto-Kühne-Schule*, einer Privatschule im Bonner Stadtbezirk Bad Godesberg
- schon als Kind literarische Schreibversuche
- als Jugendliche Sehnsucht, aus der als langweilig empfundenen Stadt Bonn herauszukommen
- **Abitur** im Jahr 1993 mit bestem Notendurchschnitt des Jahrgangs

Studienzeit (1993–2001)

- nach dem Abitur eigentlich Berufswunsch Journalismus, stattdessen aber Jura-Studium (mit Schwerpunkt Völkerrecht), das nach Juli Zeh bessere Aussichten auf eine sichere Existenz bot:
  - in Passau (1993–1995) → Studentenleben mit eher linksgerichteten Freunden und Abgrenzung von den statusorientierten Mitstudenten
  - in Leipzig (1995–1998): Wechsel des Studienorts erlebt sie als „Erweckung" – unter anderem wegen des „Zukunftsoptimismus" und der „Aufbruchsstimmung" dort
  - → Bestehen des **Ersten juristischen Staatsexamens** (1998) mit Bestnote in Sachsen
- Parallel-Studium am renommierten *Deutschen Literaturinstitut Leipzig* (1996), das angehende **Schriftstellerinnen und Schriftsteller ausbildet** – kein Abbruch des Jura-Studiums (wegen Zweifel, ob eine Freiberuflichkeit als Schriftstellerin das Richtige für sie ist)
- Magister-Aufbaustudiengang „Recht der Europäischen Integration" (1999–2001)
- DAAD-Stipendien für ein dreimonatiges Praktikum bei den Vereinten Nationen in New York (1999) und für einen achtmonatigen Aufenthalt in Krakau für ein Osteuropastudium (2000)
- Erwerb des **Diploms** am *Deutschen Literaturinstitut Leipzig* (2000)

Zeit als Schriftstellerin (2001–heute)

- Veröffentlichung des **Debütromans** *Adler und Engel* (2001), den sie als Diplomarbeit am Literaturinstitut verfasst hatte → Deutscher Bücherpreis in Kategorie „Erfolgreichstes Debüt" (2002)

- ab 2001 juristisches Referendariat → **Zweites juristischen Staatsexamen** (2003)
- verschiedene Reisen (insb. nach Osteuropa), die in ihre literarischen Werke Eingang finden
- Unterstützung der rot-grünen Koalition im Bundestagswahlkampf (2005)
- im Jahr 2007 Umzug nach Barnewitz (brandenburgisches Dorf, Havelland)
- **Uraufführung des Theaterstücks** Corpus Delicti bei der RuhrTriennale (2007)
- Einreichen einer Verfassungsbeschwerde beim Bundverfassungsgericht gegen den biometrischen Reisepass (2008) – die Beschwerde wurde aber nicht zur Entscheidung angenommen
- **Veröffentlichung des Romans** Corpus Delicti. Ein Prozess (2009), den Zeh auf der Grundlage des Theaterstücks von 2007 verfasst hat
- Mitglied der 13. Bundesversammlung für die SPD bei der Wahl des Bundespräsidenten (2009)
- zusammen mit Ilija Trojanow Veröffentlichung des Buches Angriff auf die Freiheit (2009), in dem der **„Sicherheitswahn"** und die zunehmende **Überwachung der Bürger kritisiert** werden
- **Promotion** an der Universität des Saarlandes in Saarbrücken (2010) mit ihrer Dissertation Das Übergangsrecht, in der sie sich mit den Übergangsverwaltungen im Kosovo und in Bosnien-Herzegowina nach den dortigen Kriegen in den 1990er-Jahren befasst
- Veröffentlichung des Romans Nullzeit (2012)
- Verfassen eines **offenen Briefs** an Bundeskanzlerin Angela Merkel, in dem Zeh eine „angemessene Reaktion" auf die **NSA-Affäre** (= Überwachung der Telekommunikation durch die USA und Großbritannien) und eine Offenlegung der **Spähangriffe** fordert
- Verleihung des Thomas-Mann-Preises an Juli Zeh (2013)
- Dozentin der Frankfurter Poetik-Vorlesungen (2013), bei denen sie auf humorvolle Weise **leugnet, als Schriftstellerin eine Poetik zu „besitzen"**, und auch die Frage nach der **Schreibintention für unsinnig** erklärt – Veröffentlichung der Vorträge unter dem Titel „Treideln"
- Veröffentlichung des Romans Unterleuten (2016)
- Verleihung des **Bundesverdienstkreuzes** an Zeh für ihr demokratisches Engagement (2018)
- Wahl Juli Zehs zur ehrenamtlichen Richterin am Brandenburger Verfassungsgericht (2018)
- Unterzeichnung des Aufrufs von Autorinnen und Autoren zur Beendigung der Grundrechtseingriffe während der Corona-Pandemie (2020)
- Veröffentlichung des **Buches** Fragen zu Corpus Delicti (2020)

Leben heute

- verheiratet mit David Finck (ebenfalls ehemaliger Student am Deutschen Literaturinstitut Leipzig, heute Autor und Fotograf), Mutter von zwei Kindern
- immer wieder **Beteiligung an politischen Debatten** (beispielsweise in Talkshows)

Werkauswahl

- Adler und Engel (2001): Verwicklung des Juristen Max in international angelegte Drogengeschäfte und in die Suche nach einem Passwort, das Informationen über diese Geschäfte schützt
- Spieltrieb (2004): Verführung des Sportlehrers Smutek durch die jugendliche Außenseiterin Ada, die unter dem Einfluss des älteren Mitschülers Alev steht, der Smutek daraufhin erpresst
- Unterleuten (2016): Entwicklung von Konflikten in einem brandenburgischen Dorf, als in der Nähe ein Windpark errichtet werden soll
- Über Menschen (2021): nach ihrem Umzug in ein ostdeutsches Dorf trifft Werbetexterin Dora auf Menschen ganz unterschiedlichen Charakters und in verschiedenen Lebensumständen

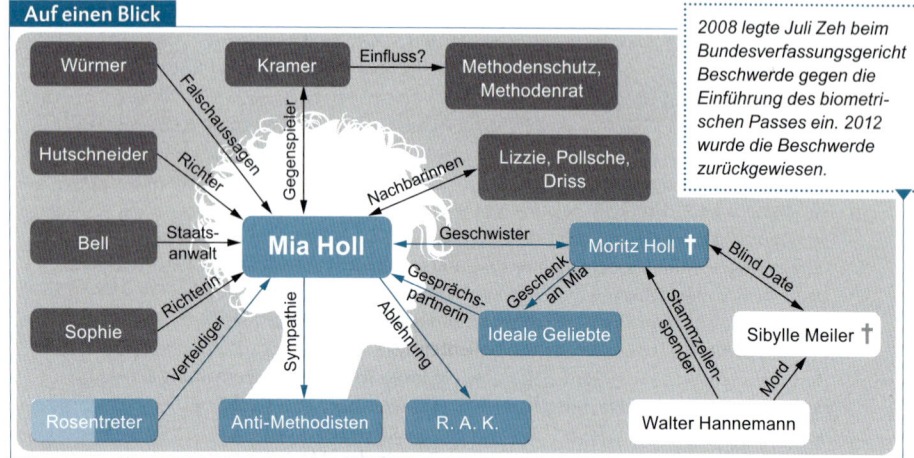

Auf einen Blick

2008 legte Juli Zeh beim Bundesverfassungsgericht Beschwerde gegen die Einführung des biometrischen Passes ein. 2012 wurde die Beschwerde zurückgewiesen.

Kapitel 1 und 2: Zwei Schriftstücke

- *Das Vorwort:* aus Schrift von Heinrich Kramer → **Gesundheit** als höchstes Ziel des Menschen
- *Das Urteil:* **Biologin Mia Holl** zum Einfrieren auf unbestimmte Zeit verurteilt

Kapitel 3 bis 17: Erste Konflikte mit der METHODE

- *Mitten am Tag, in der Mitte des Jahrhunderts:* Verhandlung zwischen **Richterin Sophie**, Staatsanwalt Bell und Rechtsanwalt Rosentreter über Strafen für Gesundheitsverbrecher; Eintreten des Journalisten **Kramer**; Klärungsgespräch mit Mia Holl beschlossen
- *Pfeffer:* Kramer auf dem Weg zu Mia → Begegnung mit drei Nachbarinnen im Treppenhaus
- *Die ideale Geliebte:* Mia erinnert sich (mit der imaginären idealen Geliebten) an ihren Bruder Moritz
- *Eine hübsche Geste:* Vorwurf Mias an Kramer, er sei an **Moritz' Suizid** im Gefängnis schuld
- *Genetischer Fingerabdruck:* Bericht über Moritz (Vorwurf der Vergewaltigung und des Mordes)
- *Keine verstiegenen Ideologien:* Mia und Kramer über die Sinnhaftigkeit der **METHODE**
- *Durch Plexiglas:* Tausch zwischen Mia und Moritz: **ideale Geliebte** gegen Schnur (für Suizid)
- *Eine besondere Begabung zum Schmerz:* Mias misslungener Versuch, ihre Wohnung zu putzen
- *Bohnendose:* Mias erfolgreiche **Gesundheitsuntersuchung** beim Amtsarzt
- *Saftpresse:* Sophies Hilfsangebot (Betreuung, Kur) von Mia abgelehnt (ihr Schmerz sei privat)
- *Nicht dafür gemacht, verstanden zu werden:* Einblick in Mias **Trauer** und stumme **Qual**
- *Privatangelegenheit:* Zugeständnis von Sophie → **Ruhe** und Zeit für Mia
- *Fell und Hörner, erster Teil:* Moritz' und Mias Gespräch über **Moritz' Liebesleben**
- *Rauch:* Liebesfantasie der Nachbarin Driss über Mia; **Mia beim Rauchen** im Flur entdeckt
- *Keine Güteverhandlung:* Geldstrafe für Mia wegen Rauchens, **Rosentreter** als ihr neuer Anwalt

Kapitel 18 bis 35: Verteidigung und Aufdeckung des Justizskandals um Moritz

- *Ein netter Junge:* Rosentreters Beteuerung, sich für Mia einzusetzen; Anfechtung der Geldstrafe
- *Wächter:* Hilfsangebot der drei Nachbarinnen von Mia abgelehnt
- *In der Kommandozentrale:* Streitgespräch Mia – ideale Geliebte: Sport werde Mia nicht heilen

Auf einen Blick

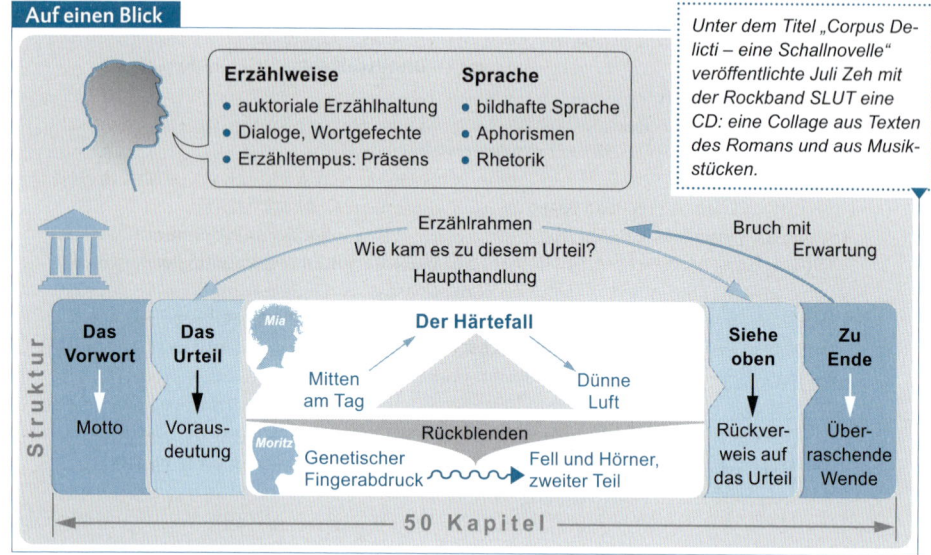

Unter dem Titel „Corpus Delicti – eine Schallnovelle" veröffentlichte Juli Zeh mit der Rockband SLUT eine CD: eine Collage aus Texten des Romans und aus Musikstücken.

Erzählweise
- auktoriale Erzählhaltung
- Dialoge, Wortgefechte
- Erzähltempus: Präsens

Sprache
- bildhafte Sprache
- Aphorismen
- Rhetorik

Erzählrahmen
Wie kam es zu diesem Urteil?
Haupthandlung

Bruch mit Erwartung

Struktur

| Das Vorwort | Das Urteil | **Der Härtefall** Mia — Mitten am Tag / Dünne Luft | Siehe oben | Zu Ende |

Rückblenden — Moritz — Genetischer Fingerabdruck → Fell und Hörner, zweiter Teil

| Motto | Vorausdeutung | | Rückverweis auf das Urteil | Überraschende Wende |

— 50 Kapitel —

Aufbau und Struktur

- **50 Kapitel** von sehr unterschiedlicher Länge (ca. 2–16 Seiten)
- Kapitelbenennung: signifikante Wörter/Halbsätze aus dem Kapitel (oder gliedernd: z. B. *Zu Ende*)
- vorangestelltes *Vorwort:* Zitat aus Kramers ideologischer Schrift, außerhalb der erzählten Handlung angesiedelt, Funktion eines **Mottos:** Einstimmung auf Gedankenwelt der METHODE
- *Das Urteil:* scheinbare **Vorwegnahme des Romanendes** als offizielles Dokument, Spannung: Wie kam es zu diesem Urteil? → zusammen mit *Siehe oben:* Bildung des basalen Erzählrahmens
- von *Mitten am Tag, in der Mitte des Jahrhunderts* bis zu *Dünne Luft:* Geschichte darüber, wie es zu Mias Verurteilung kam → in der **Rückschau** und in **chronologischer Reihenfolge** erzählt
- **Höhepunkte** der Handlung: *Der Härtefall* (Niederlage für METHODE: Moritz' Unschuld) und *Wie die Frage lautet* (Mias Wandlung zur Systemgegnerin endgültig vollzogen)
- Erzählung über Mias Verurteilung immer wieder durch <u>Rückblenden</u> (Analepsen) unterbrochen: **Geschichte von Moritz** bzw. des Verhältnisses zwischen Mia und ihrem Bruder
- durch **Verschachtelung** der Erzähl- bzw. Handlungsebenen (Mias Geschichte – Moritz' Geschichte) bessere Beleuchtung der Entwicklung Mias: von der Konformistin zur Systemgegnerin
- Vergleich: Angelschnur bzw. Nadel ins Gefängnis → **Erwartung:** Begeht auch Mia Selbstmord?
- *Zu Ende:* Rückschau beendet, Fortsetzung der Handlung nach Urteilsverkündung: Erwartungen des Lesers nach *Das Urteil* unterlaufen → unerwartete **Schlusswendung**

Erzählweise

- Handlungsort und -zeit: in einer **Gesundheitsdiktatur** um das Jahr **2050**
- zeitliche Einordnung: Moritz seit ca. 4 Wochen tot, als Handlung um Mia einsetzt
- **auktoriales Erzählverhalten:** Erzähler nimmt Leser stark an die Hand (Herstellung von Gemeinschaft durch Wahl der Wir-Form) und macht seinen Wissensvorsprung deutlich

→ „Gehen wir der Einfachheit halber davon aus, dass sie [Mia] an Moritz denkt. Die Wahrscheinlichkeit, dass wir richtig liegen, ist sehr hoch." (S. 79)

- Erzähltempus: Präsens in der Mia-Handlung → **Unmittelbarkeit**, Gefühl des Lesers, die Ereignisse live mitzuerleben
- meist Präteritum als Erzähltempus in Moritz-Kapiteln („Wählen wir für ein paar Minuten die Vergangenheitsform", S. 60) → **Erinnerungscharakter** dieser Kapitel
- personales Erzählverhalten (in der Ich-Form) im Kapitel *Wie die Frage lautet* → Mias finales Bekenntnis zum Widerstand gegen die METHODE dadurch deutlich hervorgehoben
- Kramers Zeitungsartikel über Moritz *(Bedrohung verlangt Wachsamkeit)*: ohne erzählerischen Eingriff abgedruckt → Leser des Romans gleichgestellt mit Zeitungsleser in der erzählten Welt
- **Vielzahl von Dialogen** in direkter Rede: Auseinandersetzungen der Figuren um richtige Verhaltensweisen und um Sinnhaftigkeit der METHODE dialektisch (Rede und Gegenrede) entfaltet → Austauschen unterschiedlicher Argumente und Sichtweisen als **rhetorische Wortgefechte** direkt vor den Augen des Lesers

Sprache und Stil

- nüchtern-schmuckloser Sprachstil und parataktischer Satzbau in den Erzählpartien → einfacher Zugang, **didaktische Ausrichtung** des Romans
- **rhetorische Ausgestaltung** der Dialoge: Vortragscharakter vieler Äußerungen mit dem Ziel, den Gesprächspartner vom eigenen Standpunkt zu überzeugen (v. a. bei Mia, Moritz, Kramer)
- Kramers menschenverachtende und **demagogische Sprache** v. a. aus Bereichen „Hygiene, Krankheit" (z. B. abweichende Gedanken als „Virus") → Nähe zur Wortwahl der NS-Propaganda
- Einsatz von Fremdwörtern und Fachbegriffen aus den Bereichen **Justiz**, **Medizin** und **politischer Philosophie** → Ernsthaftigkeit des Diskurses
- staatliche Medien: TV-Show WAS ALLE DENKEN und Zeitung DER GESUNDE MENSCHENVERSTAND: Anspruch auf Allgemeingültigkeit und Verbindlichkeit sprachlich festgehalten
- „Santé" (frz., „Gesundheit") als Grußformel: Gesundheitswahn in Alltagssprache integriert
- Charakterisierung durch sprechende Namen: z. B. Kramer (Suche nach Geheimnissen), Würmer (Unterordnung, Gehorsam)
- **bildhafte Sprache:** Vielzahl von Vergleichen und Metaphern → lebendige Charakterisierung des Verhaltens und des Innenlebens der Figuren (z. B. Mia als „Zaunreiterin")
- **Aphorismen:** kurze Sätze, die losgelöst vom Kontext vermeintliche Lebensweisheit ausdrücken und im Text Meinung der Figuren darstellen (z. B.: „Um frei denken zu können, muss sich der Mensch vom Tod abwenden", S. 94) → fordern den Leser zur Auseinandersetzung auf
- Abstammung des Romans von einem Theaterstück sprachlich noch klar erkennbar: **Szenenhaftigkeit** vieler Kapitel v. a. durch lange Dialoge und schnelle Wechselreden

Gattungszugehörigkeit

- **dystopischer Science-Fiction-Roman:** düstere Zukunftsvision der Gesellschaft, in der die technisch-wissenschaftlichen Neuerungen zur Unterdrückung der Menschen eingesetzt werden
- **Kriminalgeschichte:** Verbrechen im Mittelpunkt der Handlung → Mord an Sibylle Meiler und Verstrickung von Moritz Holl eng verknüpft mit der Frage nach der Legitimation der METHODE
- **Gerichtsdrama:** Nähe des Textes zum Theater, Haupthandlung in Gerichtssälen angesiedelt
- **Entwicklungsroman:** Mias Weg von der systemkonformen Musterbürgerin zur rebellischen Widerständlerin als Akt der intellektuellen und emotionalen Reifung

Auf einen Blick

Juristisch
- Staat als Straftäter entlarvt
- Kritik an Überwachung und Folter

Soziologisch
- Konflikt zwischen Gemeinwohl und persönlicher Freiheit
- fehlende Sensibilität im Umgang mit Daten

Psychologisch
- Mias Trauer und Schuldgefühle
- Mias Entwicklung zur Systemgegnerin

Politisch
- Unmenschlichkeit der Gesundheitsdiktatur
- Recht auf Widerstand bei Fehlern im System

Fitnessarmbänder und -apps messen die Bewegungen ihrer Benutzer, und viele Versicherungsunternehmen haben großes Interesse an diesen Daten. Werden Juli Zehs Befürchtungen bald wahr?

keine Allgemeingültigkeit nur eines Deutungsansatzes, sondern immer Zusammenspiel mehrerer Lesarten

Juristische Lesart

- Corpus Delicti = in der Rechtssprache ein Gegenstand, mit dem eine Straftat begangen wurde → überragende **Bedeutung des Körpers** für die METHODE
- Richterin Sophie → Anhängerin der METHODE, akribisch, jedoch abgesetzt wegen Befangenheit
- Verteidiger Rosentreter → systemkritisch und liberal: **Gerichtsprozess als Theater** und Spiel
- Richter Hutschneider → von Mias Prozess überfordert, deswegen überaus gehorsam und streng
- Justiz in der Hand politischer Entscheidungsträger: Einfluss des Journalisten Kramer und des Methodenrats → **keine Unabhängigkeit der Justiz**, keine Gewaltenteilung
- falsche Beweise gegen Mia von staatlicher Seite aus, Mia zur Täterin gemacht: Würmer als falscher Zeuge, erfundene Terrororganisation *Schnecken* → **Staat als Straftäter**
- **Überwachung** durch Justiz und Bestrafung bei Fehlverhalten: Ganzkörperaufnahmen, sportliches Leistungsprofil, Schlaf- und Ernährungsbericht, Blut- und Urinproben, Chip im Körper
- DNA-Test in Moritz' Prozess trügerisch → keine Unfehlbarkeit naturwissenschaftlicher Methoden
- Autor des Buchs *Hexenhammer* von 1487 heißt Heinrich Kramer, Folterung der „Hexe" Mia: **Projektion mittelalterlicher (Rechts-)Verhältnisse** in eine fiktive Zukunft → Grausamkeit als epochenübergreifendes Merkmal der menschlichen Natur

Psychologische Lesart

- Mia früher: **rational**, von Beruf Biologin, ohne Interesse an Menschen oder an Liebe, **angepasst** aus Dankbarkeit für die Hilfe der METHODE bei Moritz' Heilung von Leukämie
- **Geschwisterbeziehung** Moritz – Mia: gegenläufige Ansichten → Moritz als romantischer Träumer, lustiger Rebell und Poet – Mia als spöttische und kalte Realistin
- **Trauer** um Moritz und **Schuldgefühle** nach dessen Suizid (Angelschnur!): Mias Leben aus den Fugen → Beginn der staatlichen Intervention, **Einmischung in Mias Privatleben**
- Mia von Moritz' Unschuld überzeugt → Verlangen nach **Gerechtigkeit**
- Mias Entwicklung während der Trauerarbeit: zunehmend kritischer und kämpferischer → Ansporn zum Rebellieren durch die **ideale Geliebte** (= Moritz' Sprachrohr)
- Mias „Selbstgespräche" mit idealer Geliebten auch als **geistige Verwirrung** deutbar

- Mias persönliches Unglück und ihr psychischer Zustand zur öffentlichen **Staatsaffäre** und zur Bewährungsprobe für die METHODE erhoben
- entscheidender Einschnitt für Mias Entwicklung: Rosentreters Beweis, dass Moritz unschuldig ist → von da an **keine Selbstzweifel mehr**, selbstsicheres Eintreten für ihre Ansichten
- **Mias Standhaftigkeit:** kein falsches Geständnis, Ertragen von Folter, Bereitschaft zum Tod → **Verlust ihrer Stärke** durch überraschende Begnadigung und **Entmündigung**

Soziologische Lesart

- staatlich regulierte Zuordnung der Partner nach Immunsystemen (zum Erhalt gesunder DNA) → massive **Einschränkung der freien Partnerwahl**, Ähnlichkeit zur **NS-Rassenhygiene**
- gesellschaftlicher Umgang mit Krankheit in der METHODE: Krankheit als historisches Phänomen und unzulässige Abweichung → **Verklärung der Gesundheit** zum Religionsersatz, zur Staatsideologie, zum sichtbar gewordenen Willen und zur Bereitschaft zur Höchstleistung
- **Unmenschlichkeit** der rein auf Vernunft fixierten METHODE → Ignorieren von Gefühlen, von Liebe, von Affekten und von individuellen Eigenschaften
- Kritik am Staat: Vorschieben von Sicherheitsbedenken zur **Beschneidung der Freiheitsrechte der Bürger** → in Wahrheit: Streben nach mehr Kontrolle und Überwachung
- Kritik an den Bürgern: **allzu großer Gehorsam** gegenüber dem Staat, gutgläubige **Preisgabe von persönlichen Daten** → mehr Engagement, Sensibilität und Zivilcourage nötig
- **Rolle der Medien** in der METHODE: Staatspropaganda → **keine Meinungspluralität**
- Kramers **Populismus**, **Demagogie** und **Fanatismus** in seiner Rolle als Topjournalist und Chefideologe der METHODE (Kramer als geheimes Staatsoberhaupt? vgl. Kapitel *Zu Ende*)
- Mias Nachbarinnen (außer Driss) als personifiziertes **Mitläufertum**, als Opportunisten

Politische Lesart

- Staatsform in *Corpus Delicti*: Gesundheitsdiktatur → **totalitärer Überwachungsstaat**
- „Übereinstimmung von allgemeinem und persönlichem Wohl" von Kramer als Ziel definiert (S. 87) → **heuchlerische Doktrin**, denn Entscheidung, was „Wohl" ist, fällt die METHODE
- körperliche Gesundheit zum höchsten politischen Wert deklariert (Kramer: „[d]as Störungsfreie, Fehlerlose, Funktionierende", S. 181) → **keine Toleranz** für Schwäche, Fehler, Individualität
- verschiedene Weltbilder – verschiedene politische Auffassungen:
  - historische Legitimierung der METHODE durch Kramer (vgl. S. 88 f.): nach zwei Weltkriegen → **Entideologisierung** → Einsamkeit, Werteverfall → Unsicherheit, Angst: Geburtenrückgang, Krankheiten, Terror → METHODE = **neues Sinnangebot**
  - Moritz' Philosophie der Liebe (vgl. S. 26 f.): Zerstörung des göttlichen Weltbildes durch Naturwissenschaften → Mensch im Zentrum ohne neue Orientierung → **Liebe als Leitbild** und als Sammelbegriff für Freiheit, Naturverbundenheit und Pluralismus
  - Mias Staatsverständnis (vgl. S. 158 ff.): Abgrenzung von sinnlosen Revolutionen, Staat nur auf eine Weise legitimierbar: durch bestmögliche Unterstützung bei „natürliche[m] Streben der Menschen nach Leben und Glück" (S. 161) → ansonsten **Recht auf Widerstand**
- Mobilisierung von **Systemgegnern** durch Mias Fall:
  - radikale R.A.K. („Recht auf Krankheit", vgl. RAF): **Gewalt gegen Unschuldige** → Berufung auf Mia als Symbolfigur, entschiedene Ablehnung dieser Vereinnahmung durch Mia
  - **gewaltlose Proteste** und Demonstrationen der wachsenden Anzahl der Anti-Methodisten
- **offenes Ende** des Romans: Erfolge der Systemgegner oder endgültiger Sieg der METHODE?

Auf einen Blick

Merkmale des offenen Dramas:
- keine Einheit von Ort, Zeit und Handlung
- lockere Komposition
- verschiedene Stände
- natürliche Sprache

aber: stimmiges Gesamtgeschehen, motivische Verklammerungen

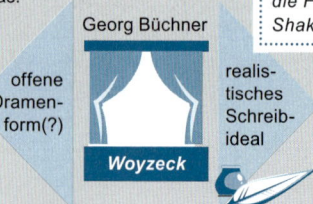

Georg Büchner

offene Dramenform(?)

Woyzeck

realistisches Schreibideal

Seine Abneigung gegenüber dem Idealisten Schiller äußert Büchner in einem Brief an die Familie: „[I]ch halte viel auf Goethe oder Shakespeare, aber sehr wenig auf Schiller."

Abbildung des Wirklichen im Drama:
- Dramendichter als „Geschichtsschreiber"
- lebendige, lebensnahe Figuren ermöglichen erst emotionale Reaktion beim Publikum
- Abgrenzung zum Idealismus

Die Form von Büchners Drama

- *Woyzeck* galt lange Zeit als **Musterbeispiel eines offenen Dramas:**
  - revolutionäre **Aufhebung** der aristotelischen Einheiten von **Ort, Zeit und Handlung**
  - **lockere Komposition** der Szenen → Möglichkeit, die Reihenfolge einzelner Szenen zu ändern (daher z. T. auch Einordnung als „Stationendrama", u. a. wegen der vielen Ortswechsel)
  - keine Beachtung der Ständeklausel (Auftreten von Figuren verschiedener Schichten)
  - **natürliche Sprache** anstatt gehobener Kunstsprache; Stilmischung
- **Argumente gegen die Einordnung** von *Woyzeck* als **offenes Drama:**
  - **stimmiges Gesamtgeschehen:** Handlung um Woyzecks zunehmende Psychose im Zusammenspiel mit der Affäre zwischen Marie und Tambourmajor als sich **steigerndes Element**
  - **Verklammerung** der Szenen durch Motive (z. B. „Messer" und „schneiden", „heiß" und „kalt", Farben Schwarz und Rot) → bedrohliche **Atmosphäre, Vorausdeutung** auf Ende

Büchners Realismus

- *Woyzeck* als **soziales Drama**, das einem **realistischen Schreiben** (d. h. der Abbildung des Wirklichen) verpflichtet ist
- Büchners **Brief an die Familie** vom **28. Juli 1835**, der sich eigentlich auf sein Drama *Dantons Tod* bezieht, als wichtige Quelle für seine Vorstellung vom realistischen Drama:
  - der dramatische Dichter als „Geschichtsschreiber", der „uns die Geschichte zum zweiten Mal erschafft", und zwar in lebendiger Form
  - Anspruch der **bestmöglichen Annäherung an die Geschichte** („Sein Buch darf weder sittlicher noch unsittlicher sein als die Geschichte selbst")
  - Ziel, Realität auch sprachlich genau abzubilden (u. a. daher kein Verzicht auf derbe Sprache)
  - Dichter **nicht als moralische Instanz** („kein Lehrer der Moral") – gleichwohl Möglichkeit, aus dem dargebotenen Stück zu lernen (wie sich auch „aus dem Studium der Geschichte und der Beobachtung dessen, was im menschlichen Leben [...] vorgeht", etwas lernen lasse)
  - Ablehnung der Forderung, „der Dichter müsse die Welt nicht zeigen, wie sie ist, sondern wie sie sein solle"
  - Positionierung **gegen die „Idealdichter"** (gemeint sind Dichter des Idealismus wie Friedrich Schiller), die „nichts als Marionetten mit himmelblauen Nasen und affektiertem Pathos, aber **nicht Menschen von Fleisch und Blut"** geschaffen hätten
  - **beabsichtigte Wirkung des Mitempfindens** beim Publikum nur durch realistische Figurenanlage erreichbar → nur so könne deren Handeln „mir Abscheu oder Bewunderung" einflößen

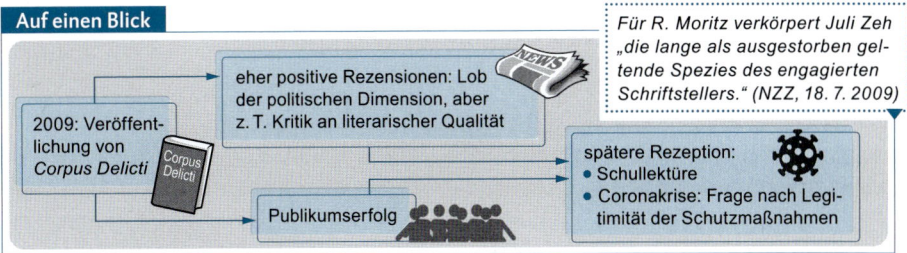

Auf einen Blick

2009: Veröffentlichung von *Corpus Delicti* → eher positive Rezensionen: Lob der politischen Dimension, aber z. T. Kritik an literarischer Qualität

Für R. Moritz verkörpert Juli Zeh „die lange als ausgestorben geltende Spezies des engagierten Schriftstellers." (NZZ, 18. 7. 2009)

Publikumserfolg

spätere Rezeption:
• Schullektüre
• Coronakrise: Frage nach Legitimität der Schutzmaßnahmen

Rezeption des Romans

- zeitnahes Erscheinen von Rezensionen nach Romanveröffentlichung, auch in großen Zeitungen
- großer Publikumserfolg (über eine halbe Million verkaufte Exemplare)
- bei Lesungen häufig politische Diskussionen mit dem Publikum
- **Tendenz zu positiven Urteilen im Feuilleton:** Lob v. a. in Bezug auf die **politische Dimension** des Romans, Ablehnung eher hinsichtlich seiner **Form** (Sprache, Figurenzeichnung etc.), zuweilen aber auch wegen des „erhobenen Zeigefingers"
- Urteile zum Roman oft verbunden mit Hinweisen auf die **Person der Autorin** und v. a. auf ihr **politisches Engagement**, von der auch ihre öffentliche Präsenz (Talkshows, offene Briefe, Vorlesungen, Verfassungsbeschwerde) zeugt → Ruf der „Mahnerin und Warnerin" (FAZ, 2. 6. 2020)
- in den Jahren nach Veröffentlichung zunehmend literaturwissenschaftliche Rezeption: u. a. philosophische (z. B. mit G. Agamben) oder gattungsgeschichtliche (→ Dystopie) Kontextualisierung
- seit mehreren Jahren immer wieder verpflichtende Abi-Lektüre in verschiedenen Bundesländern
- erneute Rezeption im Rahmen der Coronakrise und des Engagements Juli Zehs gegen die Eingriffe in die **bürgerlichen Freiheitsrechte** durch Coronamaßnahmen

„Selbstrezeption" und Weiterverarbeitung

- Zusammenarbeit Zehs mit Rockband *Slut*: Komposition von Songs und Einbau von Textstücken aus *Corpus Delicti* → gemeinsame Tournee und CD *Corpus Delicti – Eine Schallnovelle* (2010)
- *Fragen zu Corpus Delicti* (2020): Auseinandersetzung Juli Zehs mit dem eigenen Roman in einer Art **fiktivem Selbst-Interview** → Erläuterungen u. a. zu Entstehungsgeschichte, politischer Ebene, Gattungsfragen, Rezeption und Biografie

Zitate aus Rezensionen

- „Brillant ist dieser Roman als Kritik der hygienischen Vernunft [...]." (W. Höbel, DER SPIEGEL, 20. 2. 2009)
- „Mit ihrer negativen Utopie *Corpus Delicti* rührt Juli Zeh an den Nerv unserer zutiefst verängstigten Gesellschaft." (Chr. Geyer-Hindemith, FAZ, 28. 2. 2009)
- „Juli Zeh will nicht den Ökoterror aus dem Faschismus herleiten, sondern einer körperfixierten Gesellschaft die Augen öffnen, die aus Stolz auf den historischen Sieg der Demokratie blind ist für das Fortwirken des Totalitären." (E. Finger, ZEIT ONLINE, 26. 2. 2009)
- „Und die Figuren bleiben steril, als hätten sie mit Desinfektionsmittel gegurgelt." (Chr. Schmidt, SZ, 14. 3. 2009)
- „Juli Zeh hat keine überzeugenden Mittel gefunden, ihre bedenkenswerten Botschaften formal adäquat zu gestalten." (R. Moritz, NZZ, 18. 7. 2009)

Auf einen Blick

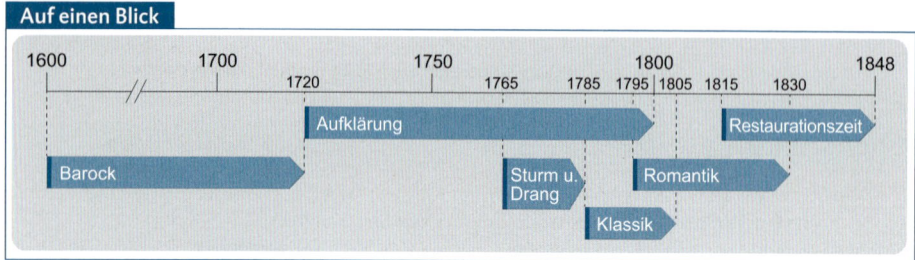

Barock (ca. 1600–1720)

- Hintergründe: Entwicklung der modernen Wissenschaften; Aufblühen des Humanismus; Absolutismus mit extremen sozialen Spannungen; große Religiosität und Religionskonflikte; **Dreißigjähriger Krieg** mit verheerenden Auswirkungen
- **Vanitas** (lat. leerer Schein, Nichtigkeit, Eitelkeit) als Zentralmotiv → **Memento mori** (lat. Gedenke des Todes): Abkehr von der Welt / Konzentration auf das Jenseits oder **Carpe diem** (lat. Genieße den Tag): Genuss des flüchtigen Moments → Streben nach Ordnung in Form und Inhalt
- starkes Formbewusstsein, **Dominanz geregelter Formen** (z. B. **Sonett** mit Alexandriner, um antithetisches Denken auszudrücken); **Regelpoetik:** poetisches Schreiben ausgehend von Regeln
- Lyrik als dominierende Gattung, aber auch Drama (Tragödien mit mythologischen Stoffen) und Epik (v. a. Schäfer- und Schelmenroman)
- vorherrschende Themen: **Krieg**, **Tod**, **Vergänglichkeit**, Religion und Scheinwelt

Aufklärung (ca. 1720–1800)

- Hintergründe: (aufgeklärter) Absolutismus; Säkularisierung und Deismus (rationaler Zugang zu Gott); Aufstieg des Bürgertums
- Orientierung an der menschlichen **Vernunft** → distanziertes Verhältnis zu Emotionen → **Empfindsamkeit** mit Aufwertung des Gefühls **als Gegenbewegung**
- **autonomes Individuum** mit Menschenrechten im Zentrum → **Toleranz** als zentraler Wert
- Themen: Ständekritik, Toleranz, Bildung, **Humanität**, **Erkenntnisfähigkeit** des Menschen
- Stilideal der **Klarheit und Verständlichkeit**
- **lehrhafte Kurzformen** der fiktionalen Literatur: Fabel, Parabel, Lehrgedicht, Epigramm, Ode und Fortsetzungsroman → Literatur soll nützlich sein

Sturm und Drang (ca. 1765–1785)

- Hintergründe: große soziale Ungerechtigkeit; absolutistische Machtpolitik und Fürstenwillkür → Aufbegehren der jungen Generation
- **starker Subjektivismus** mit Mensch als erlebendem und empfindendem Subjekt im Mittelpunkt → **Gefühlskult und Aufbruchsstimmung**
- Aufwertung der Emotionalität als **Gegenbewegung zum Rationalismus der Aufklärung**
- jugendliche **Protestbewegung**, die Fürstenwillkür, soziale Ungleichheit, materielle Not und rigide Moralvorstellungen anprangert
- Autonomie des Künstlers und seines Kunstwerkes → **Geniekult**, **Schöpfergedanke**
- Abkehr von Regelpoetiken → **Leidenschaftlichkeit der Sprache:** Ausrufe, Hyperbeln, Metaphern, Kraftausdrücke und Neologismen

- Themen: **Herz**, Natur, Freundschaft, **Liebe**, **Freiheit**, politischer Widerstand, Gerechtigkeit
- **Erlebnislyrik:** Wiedergabe der unmittelbaren Empfindungen des lyrischen Ich in freien Rhythmen, reimlosen Versen und hohem Pathos, aber auch in Einfachheit des Volkslieds
- freiere Formen (z. B. offenes Dramas); Briefroman zur Ausgestaltung individuellen Erlebens

Klassik (ca. 1786–1805)

- Hintergründe: Französische Revolution mit Terrorherrschaft; „Musenhof" unter Herzogin Anna Amalia in **Weimar** (Zusammenarbeit von **Goethe und Schiller**)
- Leitgedanken: **Harmonie**, Ausgleich der Gegensätze, **Würde**, **Humanität**, Toleranz, Selbstbestimmung, Beherrschung und Mäßigung (*Edle Einfalt, stille Größe*)
- **Ideal des Guten**, **Wahren und Schönen** → Forderung nach ethischer Vervollkommnung durch Orientierung an der Antike → **Erziehung des Menschen** als Aufgabe der Kunst
- überzeitliches **Humanitätsideal** → historische Umstände, Alltagssprache oder politisches Ideal spielen keine Rolle → Vorwurf an Klassik, bestehende Verhältnisse zu stützen
- Themen: Humanität, **Freiheitsidee**, **Harmonie von Pflicht und Neigung**
- Ideal der **Formstrenge:** harmonische Verbindung von Inhalt, Sprache und Aufbau
- Lyrik: klassische Formen (z. B. Elegien und Epigramme); Drama: metrisch gebundene Sprache, hoher Stil, geschlossene Form, historische/antike Stoffe; Epik: Bildungsroman

Romantik (ca. 1795–1830)

- Hintergründe: Französische Revolution mit Terrorherrschaft; zunehmendes Nationalbewusstsein durch Kriege gegen Napoleon
- Idee der Abhängigkeit des Menschen von einem Absoluten oder Unendlichen → Wiederannäherung an religiöse Denkformen → Poesie als Medium des Absoluten (**Universalpoesie**, in der alle Gattungen und Künste vereint sind) → Streben nach **Gesamtkunstwerk**
- Blick nach innen → „Blaue Blume" als Symbol für metaphysische **Sehnsucht nach dem Fernen und Unerreichbaren** sowie den eigentlichen Seinszusammenhängen
- Themen und Motive: Natur als Bereich des Unendlichen, **Sehnsucht**, **Traum**, **Wahnsinn**, Entgrenzung, Einsamkeit, Vergänglichkeit, Reisen, Wandern, Nacht, Fantastisches
- Idealisierung des Mittelalters und aufkommendes Nationalbewusstsein → Interesse an Volksdichtung, z. B. **Volkslied**, **Märchen** → leichte Verständlichkeit, Wohlklang, „musikalische" Sprache
- Anschreiben **gegen Philistertum und Bürgerlichkeit**
- „romantische Ironie": Aufzeigen der Unerreichbarkeit des Absoluten durch Texte, die sich selbst und ihre Entstehungsbedingungen reflektieren oder kommentieren
- Roman als universale Form, in der Lyrik enthalten ist (kaum Dramen)

Restaurationszeit (ca. 1815–1848)

- Hintergründe: Wiener Kongress 1815 und Restaurationspolitik; **Märzrevolution** 1848 – zunehmende Einschränkung der Freiheit, Zensur → verschiedene Strömungen: **Biedermeier** (Resignation, Rückzug ins Private), **Vormärz** und **Junges Deutschland** (politisches Aufbegehren)
- rationale Haltung und Orientierung an Fakten → Abkehr von der Romantik
- Themen des Biedermeier: **Familie**, **Ordnung**, **Beschaulichkeit**, Idylle → **heile poetische Welt**
- Themen des Vormärz und des Jungen Deutschlands: **soziale und politische Missstände** → **Kampf gegen soziales Elend und Unterdrückung** als Aufgabe der Literatur
- Veröffentlichungen in Zeitungen und Zeitschriften → vorwiegend kleinere literarische Formen

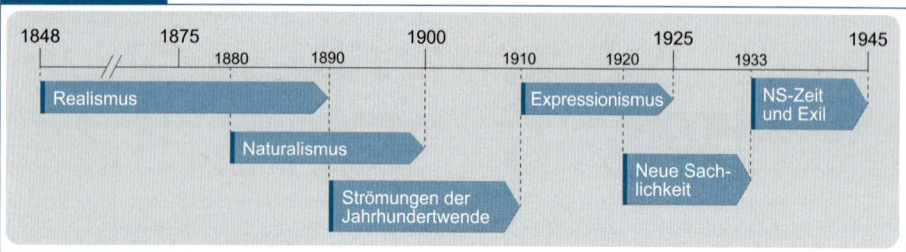

Realismus (ca. 1848–1890)

- Hintergründe: Scheitern der Revolution von 1848; Gründung des Deutschen Kaiserreichs 1871 → preußischer Militarismus; Bürgertum als führende Schicht; Verschärfung der Sozialen Frage durch Industrialisierung; Verstädterung → **Orientierungslosigkeit** durch Verlust von Normen
- **„objektive" Schilderung** der unmittelbaren Lebenswelt, aber **Ausklammerung des Hässlichen/Niederen** sowie der Sozialen Frage → **Poetisierung** der Wirklichkeit
- Bürgertum als tragende Schicht → Darstellung **bürgerlicher Milieus und Ideale**, aber auch **historischer Stoffe** mit überzeitlichem Geltungsanspruch → Streben nach Nationalliteratur
- Themen: **Liebe, Vergänglichkeit, Heimat, Naturerleben**
- Entstehung eines Literaturmarktes → Verbreiterung der Leserschaft → **Unterhaltungsliteratur**
- Roman und Novelle als zentrale Gattungen; in der Lyrik v. a. Balladen
- Stil: gewählte, **neutrale Sprache; Humor und Ironie**

Naturalismus (ca. 1880–1900)

- Hintergründe: **Milieutheorie = Mensch als Produkt der ihn umgebenden Verhältnisse:** Vererbung, Milieu, historische Umstände; **Industrialisierung und Proletarisierung** → Verschärfung der Sozialen Frage, Anwachsen der Großstädte zu Metropolen
- **radikalisierter, konsequenter Realismus** mit Wegfall der verklärenden Poetisierung → Blick auf **hässliche Wirklichkeit sozialen Elends** und Kritik an sozialen Verhältnissen
- „Kunst = Natur – X" (A. Holz): **möglichst Entsprechung von Kunst und Natur**, Faktor X (Autor und seine Subjektivität) soll möglichst klein sein
- Themen: **Armenmilieus, Familienprobleme** unterer Schichten, **Doppelmoral, Großstadt**, dunkle und hässliche Seiten des Lebens, Kriminalität, Geisteskrankheit, Alkoholismus
- **sozialkritisches Drama** als bedeutendste Gattung
- präzises Beobachten, **Sekundenstil** (Erzählzeit = erzählter Zeit), natürliche Sprache (z. B. Dialekt)

Strömungen der Jahrhundertwende (ca. 1890–1910)

- Hintergründe: Infragestellen der Selbstbestimmtheit des Menschen durch die **Psychoanalyse**; starrer Wilhelminismus → Entstehung eines grundlegenden **Krisenbewusstseins** → Strömungen des **Impressionismus und Symbolismus** als Weg nach innen mit quasireligiöser Aufladung
- Idee einer reinen, sich selbst genügenden Kunst („l'art pour l'art") als **Gegenströmung zum Naturalismus** → **keine politische Funktion der Kunst**, sondern Flucht in eine Gegenwelt
- Träger: großbürgerliche Bohème, die sich in Kaffeehäusern selbst feiert
- **Impressionismus:** Wiedergabe eines subjektiven Sinneseindrucks mit höchster Intensität

- **Symbolismus:** Absolutheitsanspruch der Kunst, gegen Abbildungsfunktion der Kunst gerichtet
- **Themen: Abgrenzung zum naturalistischen Erfassen** der Realität, Besinnung auf das „Ich", Individualität, Subjektivität, Sprache, Kultur, Vergänglichkeit
- kürzere, zum Teil auch experimentelle Formen; **symbolische Verdichtung, Verfeinerung der Sprache**, Auflösung traditioneller Formen, **Bewusstseinsstrom**, innerer Monolog, erlebte Rede

Expressionismus (ca. 1910–1925)

- Hintergründe: **Verstädterung** und Anonymisierung, technischer Fortschritt, erstarrte wilhelminische Gesellschaft → verschärftes Krisenbewusstsein, **Sinnkrise**, Erster Weltkrieg
- Pathos des Aufbruchs und unbedingter Wille zum **Ausdruck des Erlebens**
- Bedrohung des Subjekts durch **Ich-Zerfall** → Darstellung des Körpers in Verfallszuständen
- pathetische **Beschwörung eines neuen Menschen**, der Liebe und Verbrüderung lebt („**O-Mensch!**"-Expressionismus)
- **Großstadt** (v. a. Berlin) als Ort der Reizüberflutung, Orientierungslosigkeit und Anonymität
- Erfahrung der Verhältnisse des Kaiserreichs als verkrustet → **Kriegsbegeisterung** bei einigen Autoren – nach Kriegserfahrung häufig **Pazifismus** und Verarbeitung der Erlebnisse
- Themen: Lebens- und Vitalkult, **Krieg** und Pazifismus, **Weltende und Apokalypse**, Krise des Ich, Tabus (Ästhetik des Hässlichen: Geisteskrankheit, Prostitution, Verbrechen), **Großstadt**
- **Lyrik** als präsenteste Gattung → **Reihungsstil**, elliptische Konstruktionen, Neologismen, Farbmetaphorik, Auflösung syntaktischer Regeln, Verdinglichung
- Dramatik: **Stationendrama** (lose Szenenfolge), **Wandlungsdrama** (Wandlung eines Einzelnen)

Neue Sachlichkeit (ca. 1920–1933)

- Hintergründe: von vielen abgelehnte Weimarer Republik; wirtschaftliche Schwierigkeiten aufgrund von Reparationslasten; „Goldene Zwanziger" mit kultureller Vielfalt
- dezidierte **Abkehr vom Expressionismus** und Hinwendung zur **Lebensrealität** mit ihren sozialen und wirtschaftlichen Verhältnissen und zum **sachlich-nüchternen Schreiben**
- Bewusstsein von Desillusionierung und Übergang in eine neue Zeit (Schwellenzeit-Gefühl)
- Themen: Großstadt, Verarbeitung des Kriegs, **Probleme der „kleinen Leute"**, Alltagsleben
- **Gesellschafts- und Zeitroman**, Dokumentartheater und **Episches Theater**
- Mischung von **journalistischen, dokumentarischen und literarischen Anteilen** → kühldistanzierte, **einfache, verständliche Sprache**

NS-Zeit und Exil (1933–1945)

- Hintergründe: **nationalsozialistische Herrschaft** mit totalitärer Durchdringung des gesamten Lebens → **„Gleichschaltung"** der Kunst und Literatur durch Bücherverbrennung, Verfolgung und Zensur; **Zweiter Weltkrieg**, Erfahrung des Exils → Freitod zahlreicher Autoren
- **NS-Literatur:** regimekonform; **Gestaltung ideologischer Motive** wie Rasse, Führertum, Deutschtum, Kampf, Gewalt, Blut-und-Boden-Ideologie → stereotype Metaphern
- **innere Emigration: getarntes Schreiben** als geistige Opposition gegen Ungeist des NS-Regimes → gehobene, oft verschlüsselte Sprache; Schreiben in europäisch-humanistischer Tradition
- **Exilliteratur:** Humanität, Opposition zur NS-Ideologie, Zeigen des „anderen" Deutschlands
- Roman vorherrschende Gattung (Reflexion der eigenen Situation), Drama nur Nebenrolle (Ausnahme: Bertolt Brecht), Verarbeitung der emotionalen Situation in der Lyrik
- Abkehr vom Stil des Expressionismus → Bevorzugung traditioneller Formen

Auf einen Blick

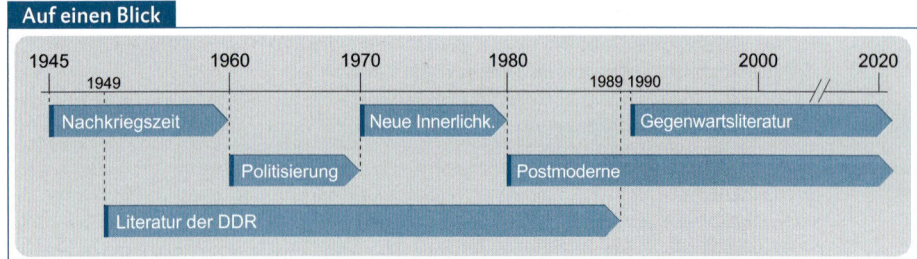

Literatur der Nachkriegszeit und des Wiederaufbaus (1945 – ca. 1960)

- Hintergründe: Ende des Zweiten Weltkriegs; **Welt in Trümmern**; „Stunde Null"; Aufteilung Deutschlands in vier Besatzungszonen; **Wiederaufbau**; Gründung der Bundesrepublik und der DDR; „Kalter Krieg"; Wirtschaftswunder; Scham, Schuld, Verdrängung angesichts der NS-Zeit
- **„Trümmerliteratur"**: Betonung der Traumatisierung durch Krieg und Zerstörung
- **„Literatur des Kahlschlags"**: Betonung des Neubeginns wegen Belastung der Sprache durch Missbrauch im NS-System → Frage, inwieweit Dichtung nach NS-Verbrechen noch möglich ist
- Themen: Schrecken des Kriegs, **Heimkehr**, Orientierungslosigkeit, Schuld, Scham, Klage und Anklage, Versuch der **Aufarbeitung der Vergangenheit**
- Aufkommen der **Kurzgeschichte**, zeitkritische Dramen, oft hermetische Lyrik mit schwer verständlichen Chiffren oder konkrete Poesie als sprachexperimentelle Lyrik
- Stilideal der **Nüchternheit**, Verzicht auf Pathos → **schmucklos-karge Sprache**, indirekte Ausdrucksformen (Parabeln, Chiffren, Gleichnisse)

Politisierung der Literatur (1960er-Jahre)

- Hintergründe: existenzielle Bedrohung durch „Kalten Krieg" → **Angst vor einem Atomkrieg**; Vietnamkrieg → Distanzierung von den USA; Große Koalition → Entstehung der **APO** → **68er-Bewegung** als Protestbewegung mit antiautoritären und pazifistischen Zielen
- Diskussionen über Verhältnis von Literatur und Politik → Gesellschafts- und Zeitkritik als Aufgabe der Literatur → **Politisierung der Literatur**
- Themen: **gesellschaftspolitische und soziale Probleme**, **Kritik an Verdrängung der NS-Vergangenheit**, Frage nach Rolle der Eltern im NS-Staat, deutsche Teilung
- politischer Zeitroman, **Dokumentartheater**, **politische Lyrik** und experimentelle Gedichte
- Forderung von Verständlichkeit und Abkehr von jeglichen Ideologien → teilweise Auflösung der Grenzen zwischen literarischen und nicht-literarischen Formen

Neue Innerlichkeit / Neue Subjektivität (1970er-Jahre)

- Hintergründe: Rückzug vom Politischen vs. Radikalisierung (**RAF**-Terror); Entstehung der **Frauenbewegung**; Entspannung im Ost-West-Konflikt (Ostpolitik Brandts, KSZE-Schlussakte)
- **Resignation und Identitätssuche** → Aufwertung des Individuums und seiner Subjektivität → **Neue Subjektivität/Neue Innerlichkeit:** Gestaltung subjektiver Wirklichkeit und Verarbeitung innerer Erfahrung → Tendenz zu **autobiografischer Bekenntnisliteratur**
- gesellschaftskritische **feministische Literatur** mit Infragestellung traditioneller Rollenbilder
- Themen: **Selbstfindung**, **Selbsterfahrung und Innenschau**, Alltag und Beziehungen, Erleben des Einzelnen im Spannungsfeld zur Gesellschaft, Gewaltstrukturen im Geschlechterverhältnis

- Lyrik und Epik als bevorzugte Gattungen zur Darstellung von Innerlichkeit
- Streben nach **Authentizität:** Tendenz zu sprachlicher Kunstlosigkeit und Umgangssprache, zugleich emotionale und subjektive Sprache

Postmoderne (Strömung der 1980er-Jahre bis heute)

- Hintergründe: **Ökologie** als neues Thema in der Politik; allmähliche Liberalisierung des Ostblocks durch Gorbatschow; atomare, ökologische, soziale Katastrophen → neues **Krisenbewusstsein**
- zunehmende **Vielgestaltigkeit der Literatur** und Fortwirken der Tendenzen der 1970er-Jahre
- Nebeneinander verschiedener „Literaturen": Jugendliteratur, Trivialliteratur, experimentelle Literatur, gesellschaftskritische Literatur
- Annahme der Beliebigkeit von Wirklichkeit → **Infragestellen von Ideologien und Werten**
- **Konstruktivismus:** Wahrheit als gesellschaftliches Konstrukt → Pluralität von Sinnentwürfen
- Aufwertung der **Unterhaltsamkeit von Literatur** → Öffnung hin zu „Trivialgattungen" wie Schauerroman oder Kriminalroman
- Roman als bevorzugte Gattung → zahlreiche **intertextuelle Bezüge**
- Nebeneinander und **Montage verschiedener Stile und Formen**, Vorliebe für **Ironie**

Literatur der DDR (1950–1989)

- Hintergründe: Gründung der **DDR** als Teil des totalitär regierten, sozialistischen Machtblocks unter der Herrschaft der Sowjetunion; Abschottung gegenüber dem Westen; **Stasi** → Kontrolle und **Zensur**; ab 1985 Stärkung der Bürgerrechtsbewegung; 1989 friedliche Revolution/Mauerfall
- staatlich verordnete Strömung des **Sozialistischen Realismus:** antifaschistisch, antikapitalistisch, arbeiternah → Ideal des selbstlosen und leistungsbereiten Arbeiters für das Gemeinwohl
- staatlich verordnete **Aufbauliteratur** der 1950er-Jahre: Überlegenheit des Sozialismus gegenüber Faschismus/Imperialismus
- **„Bitterfelder Weg":** Arbeiter als Schriftsteller und Schriftsteller als Arbeiter → **Idealisierung des Arbeiters** in der Literatur
- staatlich kontrollierte **Ankunftsliteratur** der 1960er-Jahre: Einrichten im Sozialismus
- **nicht systemkonforme Literatur:** subversive Aussagen, die durch Anspielungen, Verschlüsselungen und Verlegungen des Stoffs in den Mythos an Zensur vorbeikommen
- Epik und Lyrik als zentrale Gattungen; Liedtexte als kritische Ausdrucksform

Tendenzen der Gegenwartsliteratur (1990 – heute)

- Hintergründe: Wiedervereinigung 1990; Vormarsch **digitaler Massenmedien** (Internet, Smartphones, E-Books, soziale Netzwerke); islamistische Terroranschläge und Kampf gegen den Terror; **Globalisierung**; Flüchtlingsproblematik; Umgang mit Daten
- **Pluralismus:** gleichberechtigtes Nebeneinander verschiedener Menschenbilder und Kulturen → Herausforderung für Literatur, komplexer werdende Welt zu verarbeiten
- **Vermarktbarkeit** als zentrales Kriterium für Literatur → zunehmende Produktion von **Unterhaltungsliteratur** bzw. von Übersetzungen aus dem Ausland
- Themen: **Identität des Einzelnen** in globalisierter Welt, Auseinandersetzung mit DDR (**Wendeliteratur**), provokante Selbstinszenierung junger Schriftsteller und Aufgreifen von Alltagsthemen (**Popliteratur**), Fremdheitserfahrung (**interkulturelle Literatur**), biografisches Schreiben
- Roman als vorherrschende Textform
- facettenreiche Sprache, die z. T. an Ausdruckskraft verliert (→ Ausrichtung auf breites Publikum)

Sachtexte

Essay
- geistreiche und sprachlich anspruchsvolle Abhandlung zu einem Thema aus z. B. Wissenschaft, Politik, Gesellschaft, Literatur, Religion (auch: Gedankenspaziergang vor den Augen des Lesers)
- ausgehend von konkreter Fragestellung werden in freier, oft unsystematischer Form Pro- und Kontrapositionen rhetorisch geschickt dargestellt, wobei persönliche Ansichten und Erlebnisse im Vordergrund stehen können
- gekennzeichnet durch Leichtigkeit, Unbefangenheit und stilistische Virtuosität, oft Verzicht auf objektive Nachweise und definitive Antworten

Glosse
- zugespitzte, wertende Anmerkung zu tagesaktuellem Thema mit abschließender Pointe
- satirische Form des Kommentars, oft zahlreiche rhetorische Mittel (z. B. Hyperbel, Ironie)

Interview
- Wiedergabe eines Frage-Antwort-Gesprächs zwischen Journalist und einer oder mehreren Personen (meist des öffentlichen Lebens, d. h. aus Film/Fernsehen, Politik, Sport usw.)
- Ziel ist z. B. Klärung eines strittigen Sachverhalts, Vorstellung einer Person, Meinungsäußerung

Kommentar
- subjektiv wertender Meinungsbeitrag zu aktuellem bzw. allgemein bekanntem Thema
- Autor (immer namentlich genannt) legt persönlichen Standpunkt sprachlich geschickt dar, versucht Leser argumentativ zu überzeugen, teils ironisch-spöttischer Stil
- beginnt meist mit Hintergrunderläuterungen zum Thema und endet mit Fazit bzw. Appell

Rede
- öffentlicher Vortrag (basierend auf schriftlichem Konzept) zu einem gesellschaftlichen, privaten oder geschäftlichen Thema, oft mit dem Ziel, Zuhörer von den eigenen Ansichten zu überzeugen
- geschickter Einsatz rhetorischer Mittel und Adressatenbezug durch direkte Ansprache

Rezension
- anschaulich und präzise formulierte Zusammenfassung und persönliche Bewertung eines Buchs, einer Theaterinszenierung oder eines Films
- Ziel: Leser informieren und ggf. Empfehlung abgeben

Epik

Fabel
- unterhaltsame Erzählung von geringem Umfang mit lehrhafter Schlusspointe
- die Handelnden sind Tiere, die für menschliche Eigenschaften stehen (z. B. Biber → Fleiß)
- endet in der Regel mit „Moral" = Lehre für den Menschen

Kurzgeschichte
- Geschichte, die in einem Zug zu lesen ist (< 20 Seiten)
- handelt meist von alltäglichen Begebenheiten, die eine überraschende Wendung nehmen
- wenige Figuren, oftmals „Typen" (keine Namen, übertragbar)
- in der Regel nur ein Handlungsstrang, umfasst relativ kurze Zeitspanne, kein Ortswechsel
- beginnt mit unmittelbarem Einstieg, keine Vorstellung der Figuren, rascher Handlungsverlauf (→ Höhepunkt), endet offen (d. h. mehrere Ausgänge der Handlung denkbar)

Märchen
- Ort und Zeit unbestimmt, formelhafte Sprache *(Es war einmal …)*
- Figuren/Verhalten in „gut" und „böse" einteilbar, das Gute gewinnt → belehrender Charakter
- Gegenstände und Figuren aus mittelalterlicher Gesellschaft *(Königssohn)* oder magischer Welt *(Zauberspiegel)*, übernatürliches Geschehen *(Hexerei)*, oft magische Zahlen *(3, 7, 12)*

Novelle
- Erzählung mittlerer Länge, in deren Mittelpunkt ein außergewöhnliches Ereignis steht
- Handlung in der Regel einsträngig mit Höhe-/Wendepunkt und geschlossenem Ende
- oft Leitmotive oder wiederkehrende Dingsymbole, Einfluss des Zufalls auf Schicksal der Figuren

Roman
- Erzählung von großem Umfang mit zahlreichen komplexen Figuren und Handlungsverläufen
- oft psychologisch ausgestaltete Hauptfigur
- zahlreiche Genres: Kriminalroman, Liebesroman, Abenteuerroman, Fantasyroman usw.

Dramatik

Komödie
- unterhaltsames, humorvolles Theaterstück, oftmals mit klassischem Aufbau (fünf Akte)
- Protagonisten geraten aufgrund ihrer Schwächen in Konflikt, der sich immer weiter verschärft
- endet mit glücklicher Auflösung des Konflikts, in der Regel gewinnen die „Guten"

Tragödie
- tragisches, emotional bewegendes Theaterstück, oft mit klassischem Aufbau (fünf Akte)
- Protagonisten geraten durch schicksalhafte Fügungen (z. B. Verlieben in die „falsche Person") oder menschliche Fehltritte in schwerwiegenden Konflikt
- endet meist mit dem dramatischen Tod des Helden/der Heldin und weiterer Figuren

Lyrik

Ballade
- Gedicht, in dem auf anschauliche, lebendige Weise eine Geschichte erzählt wird (Erzählgedicht)
- formal: Strophen, Verse, Reime, Metrum; sprachlich: oft wörtliche Rede; inhaltlich: spannender Handlungsverlauf (Themen: z. B. Liebe, Heldentaten) → vereint Lyrik, Epik und Dramatik

Lied
- sangbares Gedicht mit durchgängig der gleichen Strophenform (meist Übereinstimmung der Strophe mit einem Satz)
- alternierende Verse mit Kreuz- oder Paarreim und schlichte, gut verständliche Sprache
- oft unmittelbarer Ausdruck lyrischer Empfindungen bzw. individuellen Erlebens → besondere Beliebtheit in der Romantik

Sonett
- sprachlich und formal kunstvoll gestaltetes Gedicht
- in der Regel strenger Aufbau: zwei Quartette (Strophen aus vier Versen) gefolgt von zwei Terzetten (Strophen aus drei Versen)
- häufig inhaltlicher Gegensatz zwischen Quartetten und Terzetten, letzte Verse oft wie Pointe

Stilmittel	Beispiel
Akkumulation: Anhäufung von Wörtern ohne Nennung eines Oberbegriffs	*Sonne, Mond und Sterne*
Allegorie: systematisierte Metapher, die durch Reflexion erschließbar ist	*Justitia (Gerechtigkeit)*
Alliteration: aufeinanderfolgende Wörter mit gleichem Anlaut	*wunderbare Welt, Kind und Kegel, zehn zahme Ziegen*
Allusion: Anspielung	*Du weißt, was ich meine.*
Anapher: gleicher Anfang aufeinanderfolgender Sätze / Verse	*Gehe nach Hause. Gehe dorthin, so schnell du kannst.*
Anrede: Hinwendung an den Adressaten	*Meine Damen und Herren, …*
Antithese: einander entgegengestellte Begriffe, Bedeutungen oder Gedanken	*Ruhe auf dem Land, Lärm in der Stadt, Himmel und Hölle*
Aphorismus: knapp formulierter Sinnspruch	*Die Zeit heilt alle Wunden.*
Archaismus: veralteter sprachlicher Ausdruck	*Seid gegrüßt, holde Maid!*
Assonanz: vokalischer Gleichklang	*sobald, Obacht, Wohlklang*
Asyndeton: Reihung ohne Konjunktionen	*Er kam, sah, siegte.*
Chiasmus: Überkreuzstellung	*Der Einsatz war groß, klein war der Gewinn.*
Chiffre: Zeichen, dessen Inhalt rätselhaft und letztlich nicht zu erfassen ist	*Purpurne Seuche, Hunger, der grüne Augen zerbricht.*
Diminutiv: Verkleinerungsform	*Blümlein, Mäuschen*
Ellipse: unvollständiger Satz, fehlende Satzteile	*Je früher, desto besser.*
Enjambement: Satz greift auf nächsten Vers über	*Die Wolken fliegen / über das weite Land.*
Epipher: gleiches Ende aufeinanderfolgender Sätze / Verse	*Alle lieben den Hund. Die Nachbarn reden nur noch über diesen struppigen Hund.*
Euphemismus: beschönigende Umschreibung, Untertreibung	*Wir müssen Personal abbauen. (anstatt: Wir müssen unseren Mitarbeitern kündigen.)*
Exclamatio: Ausruf	*Hoch soll er leben!*
Geminatio: unmittelbare Wiederholung eines Wortes oder Satzteils	*Geh, geh!*
Hyperbel: sehr starke Übertreibung	*Ich warte hier schon drei Millionen Jahre auf dich.*
Inversion: Abweichung von normaler Satzstellung	*Am Straßenrand eine seltene Pflanze ich sah.*
Ironie: versteckter Spott, gemeint ist das Gegenteil von dem, was geschrieben bzw. gesagt wird	*Du bist mir ja ein Superhirn! (anstatt: Das war dämlich von dir.)*

Stilmittel	Beispiel
Klimax: (meist dreischrittige) Steigerung	*Sie kicherten, lachten, grölten.*
Lautmalerei: Nachahmung eines (Natur-)Lautes	*Klingeling, Kikeriki, Ticktack*
Litotes: Bejahung durch doppelte Verneinung	*Die Schüler sind nicht unwillig.*
Metapher: bildhafter Ausdruck mit übertragener Bedeutung, Vergleich ohne Vergleichspartikel	*Du bist die Sonne meines Lebens. Dein Haar ist flüssiges Gold. Wir stehen am Fuß des Berges.*
Metonymie: Verwendung eines Ausdrucks in übertragener Bedeutung (Gesagtes und Gemeintes stammen aus demselben Wirklichkeitsbereich)	*Deutschland jubelt, Kafka lesen, eine Tasse trinken*
Neologismus: Wortneuschöpfung	*Himmelsengelsstimme*
Oxymoron: Kombination aus Wörtern, die sich widersprechen	*bittersüß, alter Knabe, Hallenfreibad, Eile mit Weile*
Paradoxon: inhaltlich unlogische und widersinnige Aussage, meist in Form eines ganzen Satzes	*Der Schmerz des Verlusts erfüllte sein Herz mit Freude.*
Parallelismus: aufeinanderfolgende Sätze oder Satzteile mit gleichem Satzbau	*Nina traf Nils im Park. Max besuchte Tatjana im Café.*
Parenthese: Einschub	*Dieses Buch – ich möchte ehrlich sein – hat mir nicht gefallen.*
Periphrase: Umschreibung eines Begriffs	*„der Gefallene" für „Sünder"*
Personifikation: Gegenständen oder abstrakten Begriffen werden menschliche Fähigkeiten/Eigenschaften zugeschrieben	*Der Wind spielte mit ihrem Haar und streichelte ihre Wange.*
Pleonasmus: Häufung sinngleicher Wörter	*Sie ist brav, nett, lieb.*
Polysyndeton: Verbindung zwischen Wörtern und Satzteilen durch mehrmalige Wiederholung derselben Konjunktion	*Und es wallet und siedet und brauset und zischt.*
Rhetorische Frage: Scheinfrage, erwartet keine Antwort	*Wer hat noch nie einen Fehler gemacht? Hast du vollkommen den Verstand verloren?*
Symbol: Sinnbild, das für Abstraktes steht	*rote Rose (für Liebe), weiße Taube (für Frieden)*
Synästhesie: Vermischung von Sinnesgebieten	*goldene Töne*
Synekdoche: Ein Teil steht für das Ganze (auch Pars pro toto) oder das Ganze steht für einen Teil (auch Totum pro parte).	*ein Dach über dem Kopf haben, eine Bibliothek lesen*
Vergleich: bildhafter Ausdruck, durch Vergleichswort *(wie, als)* mit Gemeintem verknüpft	*Sie ist leicht wie eine Feder, er ist schwer wie ein Elefant.*

Bist du bereit für deinen Einstellungstest?

Hier kannst du testen, wie gut du in einem Einstellungstest zurechtkommen würdest.

1. **Allgemeinwissen**
Der Baustil des Kölner Doms ist dem/der ... zuzuordnen.

a) Klassizismus   b) Romantizismus
c) Gotik   d) Barock

2. **Wortschatz**
Welches Wort ist das?

N O R I N E T K T A Z N O

3. **Grundrechnen**
-11 + 23 - (-1) =

a) 10   b) 11   c) 12   d) 13

4. **Zahlenreihen**
Welche Zahl ergänzt die Reihe logisch?

17 14 7 21 18 9 ?

5. **Buchstabenreihen**
Welche Auswahlmöglichkeit ergänzt die Reihe logisch?

e d f f e g g f h ? ? ?

a) h i j   b) h g i   c) f g h   d) g h i

Lösungen: 1 c; 2 Konzentration; 3 d; 4 27; 5 b

Alles zum Thema Einstellungstests findest du hier:

www.stark-verlag.de   **STARK**

Bei Fragen rund um das Thema „Bewerbung" **helfen dir unsere Bücher**.

STOPP DIE PANIK

Mit der Fußsohlen-Methode

Prüfungen können Angst- und Fluchtsituationen sein. Dein Körper schüttet Adrenalin aus und dämpft das Gefühl in den Füßen. Z. B. beim Weglaufen ist es gut, wenn man die Füße nicht spürt. Eine Prüfung ist aber **keine Gefahrensituation**. Signalisiere deinem Körper, dass du nicht weglaufen musst, und bring das Gefühl in deine Füße zurück:

Setze oder stelle dich hin.
Die Füße müssen den **Boden** berühren.

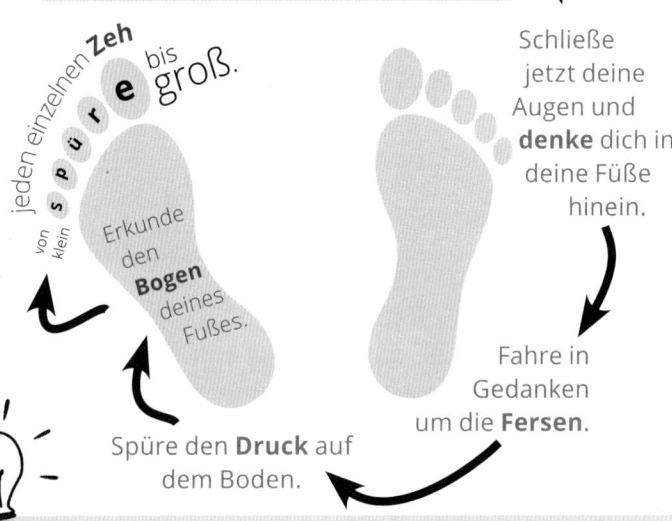

jeden einzelnen **Zeh** von klein **spüre** bis **groß**.

Erkunde den **Bogen** deines Fußes.

Spüre den **Druck** auf dem Boden.

Schließe jetzt deine Augen und **denke** dich in deine Füße hinein.

Fahre in Gedanken um die **Fersen**.

Dein Körper **fühlt** die Füße wieder und denkt, er sei in keiner Panik-Situation, sondern in **Sicherheit**.

www.stark-verlag.de **STARK**